海口旅游职业学校书香校园丛书
总 主 编◎赵金玲
副总主编◎杨 英 王高平 洪 涌 李志昆

距离的倾诉

主编◎王高平 副主编◎周 铮 唐辉明
编委◎谭家来 钱 玲 林 涛 王春萍 吴 斌 赵万慧 叶 俐
　　　黄晓虹 陈 晶 张少虹 陈杰璇 李 芳 谢 蕾

北京·旅游教育出版社

责任编辑：贾东丽

图书在版编目（CIP）数据

零距离的倾诉 / 王高平主编. -- 北京：旅游教育出版社，2018.4
（海口旅游职业学校书香校园丛书）
ISBN 978-7-5637-3717-8

Ⅰ．①零… Ⅱ．①王… Ⅲ．①中等专业学校－教育实习－海口－文集 Ⅳ．①G718.3-53

中国版本图书馆CIP数据核字(2018)第065983号

海口旅游职业学校书香校园丛书
总主编：赵金玲　副总主编：杨　英　王高平　洪　涌　李志昆

零距离的倾诉
王高平　主编
周　铮　唐辉明　副主编

出版单位	旅游教育出版社
地　　址	北京市朝阳区定福庄南里1号
邮　　编	100024
发行电话	（010）65778403　65728372　65767462（传真）
本社网址	www.tepcb.com
E - mail	tepfx@163.com
排版单位	北京旅教文化传播有限公司
印刷单位	北京京华虎彩印刷有限公司
经销单位	新华书店
开　　本	710毫米×1000毫米　1/16
印　　张	15.5
字　　数	192千字
版　　次	2018年4月第1版
印　　次	2018年4月第1次印刷
定　　价	55.00元

（图书如有装订差错请与发行部联系）

序

优秀的学校,都有一个共同的特点,就是始终把"立德树人"作为学校办学的根本任务,不断学习,不断创新,不断超越。海口旅游职业学校就是具有这种特质的学校之一。在新时代中国特色职业教育开启新征程之际,我有幸收到了海口旅游职业学校寄来的一套丛书《德育拾贝集》《追求卓越》《悦读旨趣》《零距离的倾诉》,读了这套丛书,大有感慨,不由得为海口旅游职业学校点赞。

一是为他们始终坚持"立德树人"的办学理念点赞。该校办学25年来,始终坚持育人为本、德育为先,全面实施素质教育,把培育和践行社会主义核心价值观融入教书育人的全过程,转化为学生的情感认同和行为习惯。在《德育拾贝集》里我们看到了教师对学生社会责任感和工匠精神的培育,看到了班主任对学生的体贴入微,不计得失;在《零距离的倾诉》中我们看到了中职生的成熟蜕变,具有了自信自强、创新精神和实践能力。

二是为他们始终坚持"以人为本"的治学理念点赞。多年来,他们始终把教师和学生作为学校关注的重点,不仅在生活上对教师和学生备加关心关爱,创造良好的教书育人环境,而且更加注重教师和学生的精神追求,以书为介,以文为桥,把学校建成书香校园和师生的温馨家园。在《悦读旨趣》老师的读后感里我们看到了老师静下心来读书的沉思,在《追求卓越》中我们看到了学校中层干部对育人的无私奉献。

三是为他们的职教情怀点赞。改革开放40年来,我国社会发生了深刻变革,利益主体多元化,利益诉求和选择多样化,但是海口旅游职业学校一直坚守着职教人的使命,不忘初心,奋力前行,为当地的经济社会发展提供了有效的人才和智力支撑。这套丛书里每一篇都是旅校人的故事,职教人的精彩,朴实无华,生动感人。

党的十九大向世界庄严宣告,中国特色社会主义进入新时代。这标志着中国特色职业教育事业发展也进入了新时代。我们将以习近平新时代中国特色社会主义思想特别是习近平教育思想为指导,进一步完善职业教育和培训体系,深化产教融合、校企合作,加快推进职业教育现代化,建设职业教育强国,为实现两个百年奋斗目标和中华民族伟大复兴的中国梦提供坚实的人才保障。在实现这一宏伟目标的过程中,我希望有更多的学校能像海口旅游职业学校一样,捧着拳拳中国心,浓浓职教情,在追梦、筑梦、实现梦想的过程中,不断探索和创新,书写更多出彩的职教故事。

是为序。

中国职业技术教育学会常务副会长

前　言

毕业实习是学生在校学习的延伸，不同的是课堂由校园搬到了社会的各个岗位。它是学校教育教学内容的一个重要组成部分，既是对学生在校教育教学的检测，又是对学生学以致用、为人处世的一种考验。

建校 24 年来，学校先后有 21 批学生近 2 万人走出校园踏上实习就业岗位，他们分别在海口、博鳌、三亚、东莞、深圳、上海等地参加毕业实习。实习期间，毕业生们充分展示了旅校人的风采，他们以扎实的文化基础、精湛的专业技能、过硬的综合素质经历了一次次考验，完成了一次次重要的接待服务工作，赢得了用人单位领导的高度评价。很多企业的老总在不同的场合多次表态，只要是海口旅游职业学校的毕业生，不用面试就可以上岗工作，这既是对学校毕业生的高度认可，也是对学校教育教学工作的充分肯定。如今，这些毕业生大多数已成为旅游行业的业务骨干，不少毕业生担任了企业的总经理、总监、经理等中高管职位。

为了记录和见证这些毕业生的成长，学校招生就业处先后于 2009 年和 2013 年面向全体实习就业指导教师和全体毕业生征集实习就业心得，从征集的情况来看，每一篇习作都让我们感受到了毕业生们的成长。当时，由于时间仓促，我们在梳理文章时，对毕业生们的文章未做过多修改，因此这些文章基本保持原汁原味，全是毕业生们的肺腑之言，尽管行文语句是那样的稚嫩、那样的单纯，甚至存有不足，但是我依然认为值得向全校师生推荐品读。

近年来，赵金玲校长非常关注毕业生的实习就业工作，希望对实习就业管理经验进行好好总结，把这些经验的"珍珠"串联起来，让它的价值放大，让它成为中职学校毕业生实习就业管理工作的瑰宝。此次，我们就是在原有《零距离倾诉》和《零距离倾诉2》《零距离倾诉3》的基础上挑选的，全是不同就业岗位毕业生的心得体会，现结集出版，以飨师生。

本书最终能够成册印刷，我们要感谢的人很多，这其中就包括历年负责毕业生实习就业指导工作的教师和教研室及招生就业处的有关工作人员，但最要感谢的是赵金玲校长、李志昆副校长、洪涌副校长、杨英副校长、谭家来主任、钱玲主任、周铮副主任、林涛副主任和叶俐、陈杰璇、李芳等老师。

编者

2017年9月1日

目 录

语言与微笑的魅力……………………………………吴丹丹 1
在学校找不到的感受…………………………………沈杰辉 3
在实习中学习…………………………………………陈秀青 7
"天下英雄皆我辈,一入江湖立马催"………………符春虹 9
认真实习、踏实工作…………………………………于潇潇 12
梅花香自苦寒来………………………………………王 喜 15
客人的满意是我们工作的最大追求…………………陈丹梅 18
成功永远属于勇敢迎接挑战的人……………………陈 怡 20
"I can do,我能行"…………………………………陈丽玲 22
实习生活中一件难忘的事……………………………史飞娟 26
实习是通往成功的舞台………………………………符燕舞 28
"你日子如何,力气便如何"…………………………曾小燕 30
勇敢面对,迎难而上…………………………………彭雪红 32
实习是全方位的考验…………………………………王 娟 36
珍惜我们的实习机会…………………………………符谷之 39
认真地去对待工作……………………………………陈 精 42
心态好,一切都好……………………………………王丽霞 44
不经历风雨,怎能见彩虹……………………………黄秀玲 46
实习感想………………………………………………黄小霞 49

实习，我赢了自己	廖丽珠	51
实习中我要学习的东西太多了	韩香玉	53
相信自己，为自己加油！	郑雅紫	55
不吃苦怎么能成长	符淑雪	57
知错能改，善莫大焉	林秀雅	59
实习的三点收获	张玉霞	61
一分辛苦一分收获	罗月梅	64
我的花儿在实习中绽放	符琴霞	66
信　念	洪潮健	68
工作需要热情	苏仁智	70
吃得苦中苦，方为人上人	王　秋	72
我是特意选择客房的	王瑞宏	75
飞出旅校窗，走进社会门	吴宗雨	78
实习不能用一个"累"字来总结	邢益健	81
绝不当逃兵	张琼丹	84
努力走好每一步	钟冬玉	86
精彩明光	黎　虹	88
我的未来不是梦	陈轩如	90
认真学习，勤恳做事	梁亚敏	93
付出就会有回报	崔　蕊	96
只要付出就会有回报	蒙丽霞	98
如何当优秀员工	王海燕	101
十个月的实习带给我梦想	周香怡	103
注意细节，综合服务	蒋　蕾	106
实习是耐心，是磨炼	许杨艳	109
实习让我们走向社会	黄壮波	112
只怕自己没努力过	陈春燕	114

工作是互相帮助	杜　铃	117
战胜所有困难	张君桐	120
让人舍不得的实习	陈玉叶	123
认识不足，更加努力	陈阳卿	126
成长在国杰	吴多谨	129
顾客永远是对的	杨小平	132
用积极心态面对自己	冼丹霞	135
实习培养了我的服务意识	符芳兵	139
开启列车出发	胡春芳	142
机场实习报告	吴子龙	145
闯出一片天地	徐　晶	148
笨鸟先飞	王　胜	151
实习的收获	邢赛群	154
成功的基础是细致和踏实	李可心	157
实习让我慢慢成长	苏志斌	159
迈向理想的第一步	董长源	162
我不再爱月饼	陈辉映	164
深圳的欢乐之旅	郑海花	167
保持淡定、继续前进	童声珠	169
多做一点，就是向前迈进一步	杨海康	171
实习在深圳	陈人柳	173
先做人再做事	刘倩桥	175
实习总结	吕倩婷	178
勇敢面对挫折	苏文继	180
珍惜每一个机会	王兴倩	182
拥抱学校，迎接梦想	陈丝丝	184
了解企业，了解流程	郑春菊	186

硕果累累的实习生涯	郑芳香	189
球童法典	王晓慧	192
球童的艰辛付出	陈丽莹	196
实习的收获	朱 玲	198
我的实习与你分享	陈候任	201
实习四感	王 静	203
积累不是小事	陈 健	205
恒心、细心、毅力	蔡 洁	207
宝宏大酒店实习感想	陈 敏	209
实习体会	符丽珍	211
礼宾工作我认识	华海燕	214
我的实习收获	李 静	217
角色的转变	王少雪	219
我是优秀毕业生	吴小叶	222
实习是场不寻常的经历	严凌政	224
实践使人进步	曾恋凯	226
锻炼让我成长	黄立雅	229
珍惜每次机会	孙媛媛	231
总机的苦与累	徐 冰	234
时间到了,我该飞翔了	陈 婷	236

语言与微笑的魅力

吴丹丹　高星级饭店运营与管理 200506
实习单位：三亚华宇皇冠假日酒店

时间如流水般飞逝。不知不觉我们来三亚已有三个多月了。现在回想刚来的时候，那时的我心情多么的高兴啊！因为我们期盼已久的实习终于来了。

刚来到三亚华宇皇冠假日酒店时我们首先面临的是分到哪个工作部门的问题。同学们有的被分到西餐厅，有的被分到酒吧，有的被分到客房部，有的被分到礼宾部，有的被分到巴西烧烤，等等，而我被分到了西餐厅。刚开始我简单地以为只是服务客人就可以了，恰恰相反，工作没有我想得那么简单。我们要学怎么为客人点单，怎么输单等，还要经常参加培训，学习各种各样的内容。那时候我们经常没有时间休息，刚开始我还不知道为什么要学习这些东西，后来才明白是为了让我们能更好地去服务客人，让客人可以享受到五星级的服务。在餐厅里的大多数是实习生，正式员工只有几个，刚开始接触的时候我以为他们会很凶，经过几天的相处我发现他们其实很容易相处，对我们也非常好。

"十一"黄金周的到来，使餐厅非常的繁忙，有时候我们忙得连喝口水的时间都没有。除了忙碌，还有沟通问题。当客人叫我帮他们拿东西的时候，我根本听不懂他们在说什么，因为亚龙湾这一带住的大多数都是外国客人，他们来自不同地区和国家，他们所讲的英语有所不同，再加上我的英语不是很好，所以沟通上有些难度；但是，虽然我听不懂他们讲的是什么，但是有时候我可以从他们的肢体语言表达中了解到他们所想要的是什么东西。如：有一位俄罗斯的客人来餐厅用餐，我听不懂他的英语，更听不懂俄语，我只好对着他们微笑，同时给菜单让他们点菜，这样他们也知道我不懂。当我为他们点单的时候，我面带微笑手指着菜，他们点了点头就表示他们要的就是这个菜了。所以说微笑服务解决了大问题，不仅表示友好，也让人有种亲切感。

好不容易忙过了"十一"黄金周，接着又迎来了一年一度的世界小姐赛。今年的世界小姐比赛是在三亚举行的，当然很荣幸，我们酒店能承接这样的大型活动。一天突然听到其他员工说，世界小姐会到我们餐厅用餐，这使我高兴不已，因为以往只有在电视上才可能看到世界小姐，这一次我可以亲自为她们服务了。当我在餐厅里第一次见到世界小姐的时候，我惊呆了，看看她们的穿着打扮还真不愧是世界小姐，我第一次为她们服务的时候，不知是因为见到她们太兴奋了，还是怎么了，都不知道要从哪里开始为她们服务。经过了几次服务后，现在的我不仅不会像第一次面对她们时有那种束手无策的感觉了，而且服务起来还非常顺利。有许多客人为了和世界小姐们合影而特地到我们餐厅来用餐，这使我们的工作量又增加了不少，不过对我们而言这容易多了。在接待世界小姐的这个月里，我们每天好像都在做同样一件事情，做多了也会觉得烦，心里自然而然地出现了一些厌烦的想法，可是，从另一方面想，这是我们应该做的，有时候即便很不想去做，还得硬着头皮去做，这不是我们想不想做的问题，而是我们必须这样做。人就是这样，有时候每个人都有不如愿的时候，但不管你能不能改变，都得自己慢慢去适应。

在这短短的几个月里，我学到了很多以前在学校没有学到的东西，做了一些我从来没有做过的事。在餐厅工作确实是一件很累的事，这让我体会到了父母工作是多么辛苦了。

在我实习的过程中贯穿着一个字，那就是"累"，但累并快乐地收获着。

在学校找不到的感受

沈杰辉　高星级饭店运营与管理 200503
实习单位：金茂三亚希尔顿大酒店

　　时光荏苒，来到金茂三亚希尔顿实习的日子已接近尾声，十个月的时光已经很快过去了。回想起来不禁感慨万千，虽没有轰轰烈烈的战绩，但也算经历了人生中一段不平常的考验和磨炼。

　　我实习的地方坐落于有"天堂宝岛"之称的海南省，是国家级旅游度假区亚龙湾著名的希尔顿酒店。希尔顿酒店具有先进的管理制度和企业文化，拥有雄厚的资金和上百家希尔顿酒店分店，有着较大的市场。

　　2007年9月10日，教师节那天，旅校19名学生坐上了来三亚亚龙湾酒店的汽车，开始了我们为期十个月的实习之旅。在来到实习岗位前，也曾向老师、学长那里了解过一些有关实习的情况。归纳的结果是，实习并不是我们想象的那么容易和轻松，一个字"累"。但是我们仍抱着好奇和希望进入酒店实习，与其说是实习，不如认为是工作上岗前的准备与锻炼吧。心里除了有些惶恐和不安还多了一些兴奋！毕竟这是第一次离开学校走上社会，第一次在外自力更生，第一次在酒店工作，这许许多多的第一次等待我们去体会。

　　我们此次被分至餐饮部七个不同的部门，我被分到了送餐部，一个小而精干的部门。送餐部在餐饮中占有重要地位，部门的工作并不像餐厅那么繁重。日常工作有擦洗餐具、保温箱，整理办公室，擦洗水果，送VIP水果；除此之外就是每天的日常送餐和收餐。虽然不是很累，但一连站八九个小时，对我们的双脚确实是不小的挑战。时间虽长，但热情和年轻的我，并没有丝毫感觉到过累，我觉得这是一种激励，让我明白生活，感悟生活，接触社会，了解社会。在部门，虽然我是以送餐为主，但我还不时要做一些工作以外的事情。在学校里有老师会告诉你如何安排工作与学习，但在这里，只有靠我自己，必须自觉地去做，而且要尽量做到最好，做一件事情的效率会得到别人不同的评价。

天天周而复始。这种生活持续了半年的时间，我发现我有所变化：我变得勤快了，不必再由别人提醒来完成工作；也不让父母来操心我的起居了；对于自己做的事，敢于承担，能做的事情不再推三阻四；通过对这种种新事物的接触，我明白了许多做人处世的道理，还学会了许多书本上没有的知识，体会了在学校找不到的感受。现将实习的感受和体会归纳如下：

一、重要复杂的人际关系。酒店是一个大集体，是人流较大的企业，形形色色的人都会出现在你的世界中，有心肠好的，有心怀不轨的、心存贪念的。但我们无可逃避，因为这是工作，是社会中存在的自然现象。而我们需要做的是尽快地适应和迎接挑战，而不是退缩。这一点我把它分为两方面：①与同事的关系。大家都知道在一个充满愉悦、充满活力、充满笑容的工作环境下工作，会得到高效率。例如我，在一个轻松的环境下，无论有多么繁重的工作，即便加班加点，但有同事们关心的话语，大家相互鼓励，不仅不会使自己感到疲惫，还增进了同事间的友谊。与同事相处，不计较太多的个人得失，做到大方、和蔼，充满微笑，同时要有较强的沟通能力和适应能力，在关心同事的同时，也让对方在乎你。②与上级领导的关系。我认为不管是在工作还是在生活中，都必须保持好与上级的关系，并做到尊重与信赖。上级给予工作的要求，不可推三阻四，在接受的同时具有创新精神，善于观察。有些上级领导很固执，一旦认定的事情很难再改变。但我们必须避免与他们正面冲突，即使心里有上千个不愿意，也要面带微笑地去执行。

二、广泛使用的英语口语。如今，说英语、听英文都已成为家常便饭。在酒店中无处不存在英语，对客预备，与外籍上司交谈，与员工同事之间都要使用到英语。我感触最深的是，不会说英语，好比战场的士兵没有枪；不能正面服务客人，做不了全面细致的服务，更不能将情况反映给外籍领导，真是寸步难行，也体会到"英语行遍天下，莫怕独闯天涯"的道理。与英语接触的同时，当然也在不断充实自己，努力练习口语，学习英语单词。还自己规定了学英语的要求和计划，但因为有时工作劳累和时间问题，未能严格遵守。在学校中我们学习的专业英语，在酒店中发挥了重要作用，很多场合都可使用我们所学的知识。

三、严格细分的管理。整个酒店由八个大部门构成，其中小部门又有几十个，分工非常细。所值不同工作岗位的团队，每个部门都严格把关，以争取实现经济利益为首要目的。与此同时还营运和操作各个部门，真正执行服务客人、满意客人的经营理念。正因为如此，客人对酒店的服务质量给予了高度的评价。酒店受到了广大市民和众多企业家的认可。与国内的一些知名品牌酒店相比，希尔顿酒店很注重员工对酒店的满意程度，重视员工的团结意识，对于员工的每个有利建议都会慎重地考虑，还提供了较多的员工福利。我认为，这些制度保证公司关心和重视员工，更会令人对酒店工作诚心诚意，没有二心，从而使酒店拥有较好的服务质量，获取更大的利益。当然，酒店对员工的要求也很高，员工无论何时何地见到客人都要主动招呼，热情地给予帮助；员工同样的错误不能出现两次，否则会收到一张警告单，并受到惩罚。

四、经验和感受。来到酒店，经历了欢声笑语，也尝到了痛苦时的难耐，许多的看法和想法不能发泄在工作当中，关键时刻没有人会同情你，而自己仍需做到的是不出任何差错，不落下话柄。在酒店我学习到了许多学校书本上没有的知识，有了许多创新的想法。我们的同学在岗位上都是非常努力的，工作也很认真，但唯一不足的是不够吃苦耐劳，稍有一些加班和繁忙，就会忍不住抱怨。我认为还是少了一些专业知识。

以下是我关于工作的一些提议，望学校能够参考：①学校应多开展餐饮专业知识讲授。如关于中式摆台，不要只限制于宴会摆台。②多开展专题学习，如多国的餐饮知识，使所学的知识具有多样性。③学校应多注重西餐方面的知识，因为现在许多中国人都比较喜欢西餐，学校更应该多开展实地的西餐演练活动。④多培养同学们的创新意识，如今做任何事都要有创新，有创新能力不但会提高在同事心目中的地位，也会得到上司领导的赏识。⑤学校应该与酒店达成协议，让学生在实习的十个月时间内，分几个时间段，分别在餐饮部不同的小部门内进行实习，这样学生学到的知识更多，而且也会有不同的经历。

零距离的倾诉

实习让我首先学会的是珍惜。想起半年前，还在家人庇佑下的我，不需要承担太多的现实责任，父母整日只要我操心学习就可以，学习就是生命中的一切，而现在不同了，迈入了社会不但要时刻充实自己，还要懂得许多的生存方式。以前饭来张口、衣来伸手的日子已不再有，酒店是磨炼心志的地方，有句话这样说，"天将降大任于斯人也，必先苦其心智，劳其筋骨，饿其体肤"。酒店给予我们的是400元的工资，这对于我们而言无疑是不够的，但是这毕竟是自己用勤劳和汗水得来的，是自己的第一份收入，是经过了无数的劳动换来的，我逐渐明白了赚钱的不易，理解了父母担起家庭的负担和压力，工作的苦与累以及身体上的困与乏。所以我学会了珍惜，从自己赚来的一分一毫开始珍惜，更学会了珍惜父母。

实习让我学会了忍让，以前无论在家还是在学校，我的性格都很倔强，心里无法承受巨大的压力，遇到让自己不顺心的事便会大发脾气，从不顾及身边人的感受，而现在我已不是目中无人的我，经过在酒店的磨炼，我已经学会了替别人着想，学会了与同事更好地相处，更学到了许多做人的道理。硕大的企业好比一个社会的小型浓缩体，有着世界各国的客人，有着信仰、生活方式不同的上级和同事，在这种环境中，我逐渐学会了忍让，不会把自己的思想与行为强加于他人身上，尊重他人，使自己的生活也得到放松。与同事相处难免会发生工作上的误会，但即使是别人错了，我也不会与他争吵，因为这样既有损我们个人形象，问题又得不到和平解决，我会等到事后再与他辩解，解开误会。这种做法让我获得了较好的人际关系和评论，也为自己赢得了胜利。

短短的十个月，让我学会了20年都没学到的东西，这就是社会的力量。我感觉自己长大了许多，知道了珍惜，学会了忍让，懂得了生活。感激实习教会了我这么多，感谢父母让我无忧无虑地生活了20年，感谢学校的良苦用心，我想用我的全部去回报父母、学校和社会！

在实习中学习

陈秀青　高星级饭店运营与管理 200505
实习单位：金茂三亚希尔顿大酒店

实习结束了。这段时间让我品尝了生活的酸甜苦辣，以前没有遇到的难题也出现在我的面前了。实习并不是自己想象的那么简单，比上学要麻烦多了。每天必须按时上下班，更不能出现一点差错。例如：每天都会有班车接送去上班，上班的人数很多，如果晚了一分钟也许你就会没有位置坐了，说不定还会漏车，迟到……所以我们都必须要提前五分钟到楼下等车。离开父母就感到这里很陌生。有时候真的好想好想回家，只有家才是最温暖的。还好这里有关心我的老师和同学。

实习让我学会了很多，总结起来有以下几点。

第一，学会了独立。

到了这里之后，我学会了独立，长大了，懂事了，不再让父母担心。回忆当初刚到这里，每天都打电话回家，抱怨这里的实习太辛苦了，太累了，受不了这里的生活，不想在这里实习等，这些话让父母他们不得安宁。现在想起来就觉得当时的自己很幼稚。现在不会再那样想了，不再像以前那样无理取闹了。现在懂得珍惜自己在这里学习的时间。人生必须要经过许多挫折才会走向成功，实习只是一个新起点。

第二，学会了忍耐。

要耐心地听取客人的要求，就算客人很啰唆地说一大堆，也要耐心地听。

注重每个细节，细心地听取上级领导的教训，自然而然地就会形成习惯，时间久了就不再陌生了。很荣幸这次被分到西餐厅的部门。这里的工作不是我想象的那么简单，在西餐厅要学的东西有很多很多，比很多部门要好得多，但是也比任何部门都要辛苦得多累得多，有时候接到很多预订，人数又多，忙得团团转。有时候这种累会让自己受不了。在越忙的情况下时间过得越快。有时候真想放弃它，但我不想当逃兵，不想当半途而废的失败者，更不想让别人看不起，所以我要证明自己能行，一定要继续努力奋斗下去。

第三，学会面对现实。

现实是残酷的。在酒店实习我学会了如何面对现实。这份工作并不是自己喜欢的，但是我还是接受了这份工作。当然开心地接受这份工作总比整天苦着脸好，所以要开心工作、快乐地生活，让自己每天过得都开开心心。当别人对自己提意见的时候，我们要虚心接受。

第四，学会在社会生活中处理人际关系。

我在工作中与同事相处得比较好。在工作中有些做得不到位，会有热心的同事来帮助我指导我。这是一个团结友爱的团队。

这次实习让我得到了好多的感想。本来以为出了学校就不用辛苦读书背书了，还以为实习会比上学好，现在想想，这种想法太幼稚了。上学是最好的，不用每天受气，不用每天去担心自己的工作，也不用担心自己今天犯错了被别人骂……实习就不一样了，人们不会把你当成一个中专的学生，而是走向社会的青年，做错事情就应该自己负责，自己的工作没有做完就不可以走，一定要把自己的工作做好才能走。上学真的真的很幸福，不用担心这个那个。因为回家有父母，在校有老师，不好好珍惜在学校的时间实是后悔。唉！上学真是一件幸福的事情。

渐渐地发现，在服务行业中，很难做到完全符合要求。做这行业的人员太不容易。这十个月中我学到了很多的知识，感谢这段时间带队的吴斌老师的照顾与关心，感谢酒店能够给我这次机会学习。在这里实习让我学会了独立，有耐心、信心，了解了人际关系相处之道，这些为我的生活添加了色彩。

"天下英雄皆我辈，一入江湖立马催"

符春虹　高星级饭店运营与管理 200503
实习单位：金茂三亚希尔顿大酒店

写总结时，才感觉时光如白驹一般匆匆流逝。时光如水，岁月如梭，犹如雁过无痕一般斗转星移。回首实习这十个月的点点滴滴，朝朝暮暮，心中顿生许多感触。这些永久的印记将见证我一个新生的成长。

仔细琢磨后才发现原来过去的所见所闻都是那么的偏颇而又肤浅，以前的天真似乎在一瞬间幻化成无知可笑。此时，我不得不微笑并含着热泪回首过去这十个月的每一步。

首先，我十分感谢学校给了我一次这样难得的实习机会。同时，也万分感激金茂三亚希尔顿大酒店给我提供的优良的生活及工作环境。实习这十个月以来，我较好地完成了自己的实习任务，现在就实习谈谈我的感受。

1. 看清自己，了解自己，提高自己

从一开始到希尔顿面试时，我就很清楚地明白，实习就是要去实践自己在学校所学到的一切，同时更要继续努力探寻和思索自己所不知道的知识，所以在实习期间就万万不可天真地以为工作一段时间后就可以谋得一官半职之类的想法。只要踏实地去学习，努力地去钻研，对我们来说才会更有帮助。更何况刚步入社会的我们还太稚嫩，所以安安稳稳的实习，对我来说才是一个好的开始。我们此次前往希尔顿酒店的同学被分到餐饮部门各个不同的岗位，我很幸运地被分到了大堂吧(酒店霖轩酒吧)。这个部门可以算是酒店的门面，拥有美丽的热带海洋景色，悦耳典雅的音乐，舒适周到的服务，新颖亮眼的酒水饮品……但刚到这个部门，工作让我觉得有些吃力。不仅要通晓世界各大类别的酒品，还要熟悉各类饮品的出品标准，更重要的是要说一口流利的专业服务英语，许许多多的方面要

不断去勇敢面对与解决。其实我很了解自己，英语不是很好，手脚也不是很灵活，尤其是刚面对外籍客人时就极为慌张，不知所措，当然，经过时间的磨炼，自己的付出，不断地求知，很多问题已经不再是问题了。现在，我可以轻易地说出世界各大类别的酒名，可以很有效率地识认各类饮品，面对客人时可以面带微笑，热情招待，周到服务……现在在专业上我还有许多不足之处，例如：葡萄酒知识不够扎实，与外籍客人还不能自如沟通，西餐礼仪知识欠缺，所以，我不可以安于现状，知道哪方面不够就要多多充实，我是个自主性很强的女生，所以我会不断地不耻下问，不断地自我增值。

2. 慢慢适应环境，始终坚持自我信念

"天下英雄皆我辈，一入江湖立马催"，从学校到社会的大环境转变，身边接触的人也完全换了角色，老师变上级，同学变同事，很多事情很多东西都与以往不同，开始了完全不一样的生活。酒店这个硕大的社会中存在着许多残酷的竞争，就连同事之间都会有漠不关心，冷嘲热讽，面对这些我们看不惯是很正常的，无法忍受更是人之常情，但是我们不能逃避。因为这是社会中存在的自然现象，我们需要做的就是尽快适应和迎接挑战，决不退缩。在这一方面我简单谈以下三点：首先，在工作环境中自我调节。多做事、少说话是我工作以来一直坚持的原则。工作中存在太多的利益关系，繁重的工作已经压得人喘不过气来，同事之间的淡漠导致情绪低落更直接影响工作效率；而此时我应该做的就是不陷入此种情绪和尴尬中，继续积极工作，尽量做到不去计较个人得失，时刻保持真诚的微笑，对同事相互鼓励。这样，即使工作更加繁重，还要加班加点，也不会让自己感觉疲惫。其次，在日常生活中学会尊重。社会上有许多不同地方，有不同语言，有不同生活方式，有不同思想及宗教信仰的人，在这样的环境中，我逐渐学会彼此尊重，不会把自己的思想与行为强加在他人身上，理解别人的生活习惯，大家互不干扰，就算有意见不同的时候，也会等双方情绪平和的时候再去和平解决。最后，学习与上级相处。我认为不论是在工作还是在生活中都必须与上级保持好关系，尊重与信赖他们，当上级交代工作时，应该积极主动、任劳任怨、踏踏实实地去完成，不要埋怨计较。

3. 检讨自己，找出自身存在的问题

常言道：工作一两年胜过读十多年。实习这么久，真的学到许多东西。虽然学到很多东西，明白很多事情，但是自己身上仍然存在许多不足。与他人相比较时，就知道很多时候我的自我感觉太过良好，那样进步的空间就小了许多。我明白自己拥有的专业知识还很少，服务水平还很低，了解的东西连皮毛也算不上，所以在日常生活中应该要不断去学习与探讨。希尔顿这个大家庭，提供了太多方面的知识培训，这样好的学习机会就更不可以放过。做一行，爱一行，专一行。只要加把劲，提高学习的热情，我相信会有更多意外的收获，尤其是工作表现。虽然每天都可以按时按量完成工作任务，但是仔细思考就可以发现，自己在工作方面有很多地方有待加强。即使每天都要面对单调烦琐的工作，也要凭着负责的精神和勇于承担的心态去对待，这样无论是对酒店还是对个人都有益处。

作为人生中的第一次社会历练，相信对每一位同学来说都是深刻难忘的，对我也是如此。好的开始是成功的一半。今后就要真正走向社会，面对自己的将来我满怀期待。感谢在我实习期间所有伴我成长的同学们，这一路走来，因为有你们，所以满是美丽的风景。感谢帮助过我、教会我很多东西的同事们，这一路是你们让我懂得了很多东西，学会了很多。最后感谢那些曾经伤害过我、为难过我的人，因为你们我才会更加坚强。

认真实习、踏实工作

于潇潇　高星级饭店运营与管理 200507
实习单位：三亚宝宏酒店

一转眼三个多月过去了，可是我总觉得才到这里没多久，梁海珠老师说得对，几个月听起来是很长，但只要过了三个月就会觉得时间过得很快。

刚到这里时，9月1~2日休息，3~5日是入职培训，6日我正式到岗位实习。我被分到了管家部，刚开始听到管家部时，我都不知道是做什么的，后来才知道管家部就是客房部。管家部由楼层、洗衣房、PA三部分组成。我在楼层实习。刚到岗位实习，是由一位老员工带我。第一天，我只是看着老员工做房并听她讲一些做房程序和要点。第二天，老员工带着我们查房，空房是否有东西要维修或是有什么东西没有配齐，都要记下来，到时候再配进去；查退房时，要看客人有没有带走什么东西，如小酒吧内的物品或代销品，或者巾类、沙滩拖鞋、洗衣袋等，另外还要查看客人有无损坏酒店的物品，然后报给前台和客房服务中心。

从第三天开始，我跟着老员工一起做房，前几天先教我做卫生间，等我熟悉后，再教我做床。因为在校学习时我们学的是西式做床，但是这里是中式做床，虽然在校学了一点但还不是很熟练，所以老员工就在一旁边看我做边教我，慢慢地，我套被套时不再像包粽子了。又过了几天，老员工开始留一两间房给我自己做，刚开始时，做房程序有点乱，虽然房间打扫好了，但动作很慢。老员工鼓励我说没关系刚开始慢慢来，同在楼层工作的学姐也说刚开始都这样。就这样过了几天，我开始有自己的房态表，独立做房了。

刚开始独立做房时主管每天安排我做七八间房，慢慢地增加到十间十二间。因为我动作慢，所以主管给我排房时续住房多，退房少。因为我刚出学校，所以还不会控制自己的情绪，只要谁说我一两句或是催我快点时，我的情绪就上来了，心情好一点动作就快一点，心情有一点不好动作就慢下来了，所以主管越催我，我就越慢。我知道这样不好，不但老落后还连累他人帮助我，我很过意不去，所以我尽最大的努力，希望不用他人帮助自己独立完成自己的工作。

记得有几次我当楼主时，在查退房时漏报了4个衣架，当时我想坏了，这次不但要赔钱，还使酒店有了亏损，心里很不好受。但主管没让我赔，说这次就算了，下次要注意。虽然后面还是多多少少有漏报的情况，但是吃一堑长一智。这次一定要记下，下一次就多注意，不再犯同样的错。

酒店的主管和老员工都很关心我，我身体不舒服时他们叫我去看医生，帮我搽药。我觉得宝宏酒店人与人之间相处得都很好，他们待人很不错，我很感谢他们对我的关心和帮助。

从这个月开始我上中班，中班的主要工作是开夜床跑服务，有退房就打扫退房。中班是下午3点上班，先做公共卫生，清理垃圾桶，推尘，抹尘，5点开始与早班交接工作；之后先开客用电梯和员工电梯灯，开完灯后，就开夜床，跑服务，开夜床开到零点结束。

第一天上中班，也是有一名老员工带我。虽然在学校的时候老师教过相关理论，但没有真正实操过，我根本不知道怎么做，所以主管叫我跟班一天。其实开夜床很简单，只要把被子折45度角，放好当天的报纸、早餐牌，卫生间放好地巾、防滑垫，拉好浴帘，就可以了。第二天我开始跑服务。

在跑服务的过程中有一件事让我印象深刻。有一次客人要求我开门，当时我已到地下室了，到服务中心拿了一把水果刀就赶去给客人开门，但到了门口我没看到客人，刚好客房内电视开着，灯也亮着，我想客人已经进去了，就没有敲门，就打电话向服务台说明了情况。因为当时我还有几个服务要跑，服务中心就叫我先去跑其他服务。没想到过了一会儿服务中心又打来电话叫我给刚那位客人开门，接到通知后我马上去开门，客人很生气，最后投诉了我。第二天上班我才知道，客人等了我们40多分钟，因前台接到通知没有及时通知服务中心，所以才发生了昨晚的事情，才遭投诉的。虽然这件事错不完全在我，前台、服务中心也有错，但这也是因为我的疏忽而引起的，如果当时我敲门确认客人是否进了房间,这件事就不会发生了。经过这次事以后,每次有客人要求开门,我都会马上赶到,如果没看到客人,就先敲门确认,再向服务中心说明情况,不让同样的事情发生。

  在这里我学会了很多,懂得了很多事情,明白了很多道理。以前的我没有好好珍惜在校的时光,老想快点出外实习,但当我真正出来实习时,才知道什么叫辛苦。但后悔是没有用的,所以我要从现在开始好好珍惜每一天,每一刻,不让自己再后悔,好好完成这次实习。

梅花香自苦寒来

王 喜　高星级饭店运营与管理 200506
实习单位：深圳丹枫白露酒店

我们的实习生活就要接近尾声了。每一次写工作小结时，我总会感慨：时间过得真快！是啊，离开母校的怀抱已经有六个月了！六个月，说长不长，说短也不短，可是对我来说，却是经历了人生当中一次难忘的历程。

2006年秋天的那些事情好像就发生在昨天。刚从学校出来实习的我们，就像是一群刚学走路的孩子，在豪华酒店的天地里，一切对于我们都是那么新鲜，做什么都得从头开始学！我仍然记得我们到达深圳机场刚下飞机时的情景，大家心里充满了兴奋、紧张和激动。我们从宽敞明亮的机场大厅出来，车子穿过美丽繁华的街道，来到声名远扬的三九集团，来到盼望了一个多月的丹枫白露……那时的所见所闻，至今都还是那样的历历在目。

常言道：初生牛犊不怕虎。在紧接着的三天的入职培训里，我对自己充满了信心，觉得凭自己的英语水平和在学校里的表现，一定能分到一个好的岗位，并一定能做得很好。可培训过后，我却被分到管家部。当时觉得这个结果很意外，和自己想象中的结果完全不一样，很不服气，也很难过，自信心也大打了折扣。但没办法，我别无选择，想要拿到毕业证，就要完成实习。在经过一番思想斗争之后，我决定在管家部好好地干。

第一天跟着师傅上楼层做房，我才知道管家部的工作远比自己想象中的工作要复杂得多。做房并不只是单纯的打扫房间，还有很多的细节需要注意。这对于在家从不做家务劳动的我来说，实在是很大的挑战。况且，我在校期间的铺床功课也是班里最差的，现在学起来真的很难、很苦！我甚至有了很想回家的念头。

可我就这样放弃了吗？不！再辛苦，再难，我都要坚持下去！不是还有很多同学和我一样吗？所以我再次给自己鼓劲，下定决心好好努力。

在管家部的十几天里，虽然很辛苦，但我学到了很多东西，每天过得很充实。我也由一个不喜欢劳动的人，转变成一个可以在一个小时内做完一间房的楼层服务生。这个过程真的很不容易，但只要你努力，任何事情都可以做到。

让我喜出望外的是，我居然在毫无心理准备的情况下被调到了行政楼层。我当时觉得难以置信，觉得自己真的很幸运，能有这么好的机会去学更多的东西，我非常高兴。所以，我决心努力地去做好新岗位的工作。

在行政酒廊里，要学的东西确实很多，包括收银、餐厅接待等。我们不光要学会这些东西，还要能灵活运用在工作上。这对于毫无工作经验的我来说，压力是挺大的。刚开始，总觉得自己很笨，学什么都比别人慢，做不好又会挨骂。不像在家，反正有爸妈在，不想做的我可以不做，不想吃的可以不吃。现在，什么都要靠自己了，只有自己能帮自己。不想做的事也得做，而且还要努力做好，做不好被骂也要忍着……

在工作中，我常常会听到"醒目"这个词。说这个词的人，当然少不了我们主管Ruby了。她人真的很好。在工作中我给她添了不少麻烦，但她总是很耐心地一遍又一遍地教我。所以我真的很感激她。记得有一次因自己的粗心，没看清楚备注就给一位客人结了账。实际上，这个客人还有几间房是一起的，都没有结账，按正常程序，应该把那几间房的账转到一起来结。就因为自己的粗心，没看清楚备注，害得Ruby忙了一下午才把错账调好。多亏了她，否则其他几间房的账就要我赔钱了！当时我真的好惭愧啊，后悔当初为什么那么不小心。不过，身为主管的Ruby并没有骂我，只是叫我下次不要再犯同样的错误了。经过这件事之后，我每次结账都很小心，自然就没有再犯过同样的错误。

现在的我，已不再是那个刚从学校出来的什么都不懂的女孩了。我学会了独立，学会了坚强，学会了如何与同事和上级领导沟通相处，更学会了如何做好自己的工作。在我的岗位上，我不仅能熟练地做好接待、收银工作以及早餐、下午茶的接待，还能自然得体地和客人沟通交流。一些客人很喜欢我们的服务，还成了我们的朋友。只要来深圳，他们都会到我们酒店住，见到我们如同朋友相聚一样。

　　当然，我们的成长与学校对我们的培养是分不开的。如果没有在学校接受的专业训练和打下的文化基础，我们就不能这么好地适应现在的工作岗位。在此，我想感谢学校对我们的栽培，感谢所有为我们付出心血的老师！也请学校和老师们相信我们，我们会把从你们那里学到的，都全部发挥到工作上，做出令你们骄傲的成绩！另外，我还要感谢酒店给我提供这个实习岗位，让我学到了很多新的知识，同时也发挥了我在学校所学的专业特长，往后，我要用更好的工作来回报酒店。

　　实习很快就要结束了，但是我们成长的路还很长很长，要学习的东西还有很多很多。我会为了自己的目标而努力奋斗的。希望同学们也好好努力，在不久的将来能实现自己的梦想。

　　加油！让我们为美丽的明天而奋斗吧！

客人的满意是我们工作的最大追求

陈丹梅　高星级饭店运营与管理 200509
实习单位：金茂三亚希尔顿大酒店

　　金茂三亚希尔顿大酒店（Hilton Sanya Resort SPA）位于中国最高的大厦金茂大厦，是在业内享有盛誉的上海金茂君悦大酒店的业主中国金茂（集团）股份有限公司在三亚亚龙湾的投资巨作，也是希尔顿国际在中国的第一家全球度假酒店。我非常幸运，能够在这么一个国际品牌下的酒店里面实习。我在希尔顿实习的部门是餐饮部。按照东方哲学和中国传统，构成宇宙的基本元素是金、木、水、火、土，金茂三亚希尔顿大酒店的餐厅的风格、装潢及气氛营造正是运用了这五个元素概念，我很荣幸地被分到一个以水为主题的泳池吧，这个泳池吧有着一个很随意的名字——啦啦吧。

　　餐饮部是酒店里最辛苦的部门之一，而我现在所在的分部门啦啦吧也是最最最晒的一个餐厅，因为它是建在户外的泳池畔，所以难免热和晒。餐厅总共分为三个区域，分别是 A 区、B 区和 C 区，其中 C 区为边滩。经过长时间的培训之后，主管开始叫我对客服务，我迫不及待地运用上所学习的内容，包括服务程序和对客技巧，再加上曾经在学校学习的基础知识。

　　在这段时间里，虽然有时候会因为犯一些小错误而受到客人的投诉，但是，我会告诫自己不要在意，因为这些都是对我的磨炼，但是有一件事却深深地埋在我的心里。一天，有位外国籍客人跟我点了一些西餐食物，一开始我没注意听，我想了想，觉得我们好像没有这些食物，因为我们餐厅比较小，我就跟客人解释了一下。但是客人非常生气，坚持说我们酒店有，他以前吃过。于是我又告诉他那种食物是酒店的咖啡厅供应，如果他需要的话可以去那里用餐，可是这位客人非常顽固，坚持要在我们餐厅用餐。当时正好有很多客人，很忙，而咖啡厅离我

| 客人的满意是我们工作的最大追求 |

们餐厅又有点远，去给他拿肯定会耽误很多的时间，所以我就一再给他解释，客人的脸色越来越难看了，好像对我越来越不满意，我觉得非常的生气和沮丧，最后没办法，只好去向经理请示。经理马上过来跟客人解释，同时也叫我以最快的速度去咖啡厅下单点菜，打出来送入西厨房。在经理很恰当、很有技巧性的解释下，客人终于露出笑脸，最后这位客人用完餐，满意地离开。下班后，经理找我谈话，说我们是在世界知名品牌的五星级酒店工作，无论客人有什么要求我们都应该尽量去满足他，这样才可以最大限度地使客人感到满意，觉得他花这么多钱来这里消费是值得的，只有使客人满意，他才会再次消费，客人的满意是我们工作的最大追求。

那天晚上，我躺在床上翻来覆去睡不着，客人生气的画面时常浮现在脑海中，这件事让我成长了不少，让我认识到做事认死理是不行的，要善于动脑筋，灵活运用所学的理论知识处理问题，因为我们对客人提供的不仅只是一般的服务，更重要的应该是个性化服务。我们首先对客人要有一颗真诚的心，要站在客人的角度去思考问题和解决问题，随着酒店业的发展，很多酒店都在提倡个性化服务，而收集并运用客史档案是做好个性化服务的一个重要手段。

就好像客人来酒店消费和去百货公司是不一样的，来酒店消费的顾客希望得到的是享受，去百货公司消费的顾客所得到的是物件，物件可以随手把它拿走，带回家去和家里人分享，好像买蛋糕一样，但我所忽略的是，享受一样可以带走。当一个客人在酒店消费中备受礼遇时，客人走出酒店大门时会将这些经历及感受带走，这些经历及感受又会传给他的朋友和同事，经历及感受就这样成百千倍地传播着，这才是对我们服务质量的一种肯定。

以上是我在金茂三亚希尔顿大酒店实习的一些感受，也许很肤浅，但却很真实。在这期间我学到了一些在学校学不到的东西，短短的十个月里，我进步了很多，也慢慢地成长了起来。

成功永远属于勇敢迎接挑战的人

陈　怡　商品经营 200522
实习单位：紫荆百货

心中带着无限的遐想与期待，我告别了熟悉的课堂和可敬的老师，迈向了社会这所多元化的大学，迎来了独立、自立和证明自己价值的机会。对于我来说，外面的世界既新奇又充满挑战，所以我要把学生时代的纯真、快乐展现在工作上，让生活变得更加多姿多彩！

自踏入我的实习单位——紫荆百货的那一天起，我离开学校已有一段时间了。从 8 月份到现在，我在不同程度上接触到了社会的方方面面。当然，有积极的一面，也有消极的一面。在这里，我想通过实习中所遭遇到的点点滴滴，谈一谈自己的感受。

2006 年 7 月 31 日，我们市场营销班的同学来到紫荆百货报到。当时的紫荆百货还处于筹建之中。紫荆花园是海口市的一个高档住宅小区，这里居住着来自全国各地的成功人士。紫荆百货应对市场的需求，走的是高档路线，以经营国际高级品牌和国内知名品牌为主。

从 8 月 1 日起，我们开始接受培训。培训主要在课堂中进行，还安排我们到佳心百货进行实地学习。因为公司走的是高档路线，所以对员工的素质和形象气质都特别看重。为此，公司请来了有关方面的礼仪老师对我们进行培训。在此期间所学的一些商业礼仪，如走姿、站姿、言行举止等各方面的礼仪知识，和在学校学习的有些相似。我想就是因为这个缘故，所以在培训期间，公司的领导对我们学生的表现都非常满意，我们得到了他们的一致好评。

也是在此之后，我们才发现自己并非什么都懂。幸运的是还有一些前辈在耐心地指导我们。而我们也真正地感受到自己在一点点地提高和进步！

培训结束，公司就要开始给我们分配柜台了。经理先对我们进行了一场大测试，结果发生了一件至今让我们难忘的事情。当时经理说，"学生中英语较好的，请先站出来回答我的问题"，就是这么简短的一句话，让当时自信满满的我们都沉默了。不知道是因为什么，是胆小？紧张？还是自卑？竟没有一个人站出来。非常好的一个锻炼机会就这样被我们错过了。在别人眼中，旅校学生素质好，学习能力强，但这点没有在我们身上得到证实。想想可真是懊悔……

现在回想在学校的我们是那么的年轻气盛，那么自以为是，一旦有些事情降临到自己的身上，才明白后悔已晚！世上没有后悔药吃，我们只有改变自己，面对新挑战，勇往直前。

在学校里学的知识没有我们想象中的那么多，作为学生仍需要磨炼，随机应变的能力还远远不足，销售技巧和实践经验更有待加强。我们不能让社会适应我们，必须慢慢地去适应环境与社会。这两三个月使我非常深刻地体会到，英语、整体的素质和口才是我们作为21世纪服务行业的人才不可缺少的东西。

不要让时间在自己的手中无谓地荒废，机会永远都是降临在有准备的人身上。只有用心尽力地参与平凡的工作，尽自己最大的努力走好生活中的每一步，成功才会和我们越走越近。只要我们认真地去磨炼自己，把所有的挫折当成成功的开始，那么所获得的体会与经验就将是你日后工作最得力的帮手。我相信，勇于接受挑战，有准备地接受挑战，才会成功。我相信明天一定会更好！

"I can do，我能行"

陈丽玲　旅游外语200519
实习单位：三亚希尔顿大酒店

　　时间在无情地流逝着，而我们在一天天成长、成熟。从实习到现在已经过去了9个多月，从无知，未知，到了解，包容，接受，体会。无知而单纯；未知的复杂；了解工作的艰辛；包容从未理解的"错"与对；接受所谓的公平与不公平；体会到付出的心血与含泪的幸福。社会就像一个大熔炉，让我们把所学到的知识和技能在这个复杂的大熔炉里面慢慢地熬炼，加上时间的催化，让我们逐渐成熟懂事。如果没有这次实习的经历，我想就不会有如此多的感触与感慨。这次经历，使我成熟，使我成长，使我渐渐地接触并了解人性的复杂与社会利益的互相谋和，义与利，情与友，可舍与不可失。也让我渐渐明白，社会上没有绝对的公平与不公平，事在人为，当你付出了却没有得到尽如人意的回报时，请不要气愤与抱怨，不要乞求会有像天平秤那样丝毫不差的公平，你只有改变你的思想与态度，要学会用积极的态度去看待任何一件事情。在寻求结果的前提下，我们更应该去注重过程。

　　我很庆幸自己的选择，在国际品牌酒店实习。在这里，我们见识了管理规范的既人性化又不失原则的有效管理模式，以及体系完善的、丰富的培训计划。越是在一个高平台上，越是需要严格要求自己，提高自己的素质与能力，全方位地充实自己，这样，你才能跟上紧密有序的步伐，走得快，走得远。我在酒店的西餐厅工作，它是目前整个亚龙湾消费最贵、设备最先进的西餐厅。在这里，经理对每位员工的要求都很严格，尤其是英语与酒水知识方面。在我们餐厅，来消费的顾客有百分之六十以上是外国人，其中以俄罗斯客人居多。为了提高我们与外国人交流的能力，主管会给我们做一些英语培训计划，这让我切身体会到英语的重要性与广泛性。在业余时间，我也给自己做了一些简单的计划，在有充裕的时间条件下学习英语。遇到外国人，我会很乐意去与他们打招呼，同他们交流。交谈的内容并不重要，重要的是在交流时能够锻炼口语表达能力还有勇气与胆识。以前我是个很羞涩内向的女生，不善于与陌生人打交道，但是工作之后，我发现，每一个成功的人，他们无论是对人还是对事，都抱有很乐观很积极的态度，他们从不会羞涩拘束，正所谓大丈夫不拘小节。自信也很重要，一个人的自信与他的心态至关重要，有些人因为觉得自己丑陋，或因家庭背景或其他因素而感到自卑，在机遇来临时，这些人往往犹豫退缩，没有信心去抓住机遇，去表现自己，从而埋没自己。总认为自己不行，怕失败，怕别人嘲笑，这是不可取的。有句话说得很好，要想得到别人的尊重，首先你要学会尊重你自己；同样，要想得到别人的信任，首先你要学会相信你自己。经过几番挫折与经验教训，我学会了说这样一句话："I can do，我能行。"每当我遇到挫折或困难的时候，我也会对自己说这句话以鼓励自己。面对困难时，不要妥协与恐惧，不要逃避，逃避只会使人更懦弱。世界上没有解决不了的事情，只有你不想做的事情。当然，所有的事情，都要量力而行，不要打肿脸充胖子，那样会让你更得不偿失，失败之后就更难建立起信心。所以，我们要无时无刻不充实自己的能力，多学多问，发扬孔子的好学精神，不耻下问。

在工作和生活中我们常常会遇到这样的情况，出现问题在追究责任的时候，为了保全自己的利益与荣誉，我们都会互相推卸责任，去追究是谁的过错，而不是反省自己，把错揽在自己身上。我们经理曾经对我们说过这样一句让我们受用终身的话：不要怕追究，不要怕批评，你只有勇于承担责任，别人才会信任你，让你承担更多的责任。当我胆怯害怕犯了错误以后，我都会想起这句话，它使我勇敢地去承担一些责任。一个有责任心的人一定是一个孝子，因为他不会抛弃他的父母，无论丑陋与贫穷。一个有责任心的人一定是热爱职业的人，因为他不会抛弃他的工作，无论成败与否。每个人都有自己应尽的责任，父母要对自己的子女负责任，子女要对自己的父母负责，工作者要对你的工作负责，对你的领导负责，对你的客人负责，对你的一言一行负责。

零距离的倾诉

在工作中，人际关系很重要。俗话说，在家靠父母在外靠朋友。一个成功的人，你会发现他的朋友很多。他的成功很多时候离不开朋友的帮助。如果你想得到更多的帮助，那么首先你要学会帮助别人。帮别人就等于帮自己。要学会用真心、诚意去对待别人。我相信，如果你真心实意地对待别人，别人都会很乐意与你交朋友，在你困难的时候帮助你。但是，你不能企求你付出的一定会有同等的回报，你不能企求别人一定会帮你。用你的心去征服别人，赢得别人的帮助，但是不要产生依赖。同时，我还发现，在工作中，很难交到知心朋友，因为我们都是有着共同的目标，在利益上有冲突，所以，在交朋友的同时，不要忘了留一份戒心。不要把你的弱点处境全部告诉别人，以防别有用心的人利用你的弱点，对你的发展造成不利。不要轻易向别人诉苦，因为那不是别人的事，别人很多时候只会像听故事一样，根本给不了你什么帮助，只会一笑而过。一个聪明的人应该知道什么事该说，什么事不该说，无论是说话还是做事情都应当深思熟虑之后再去做。但无论如何，当你取得成就时，别忘了你身边的朋友，请回头看看，是谁在你最困难的时候雪中送炭，别忘了学会感谢、感恩。

实习后让我体会最深的是亲情。世界上对你最好的永远是你的父母。以前，我会把好朋友放在第一位，因为我觉得只有朋友才了解我的内心想法，父母只会给我压力，不会顾及我的感受。但是现在，我才发现，父母给我的压力都是为了我好，他们用心良苦。在你最无助的时候，永远都是父母帮着你，牵挂着你，在你失落时，他们会给你关怀，在你迷失方向的时候，他们会给你正确的指引。实习让我体会到了父母挣钱的艰辛，我学会了要更爱他们，更珍惜亲情。以前从不和家人沟通的我，现在一到有空闲的时候，就会给父母打电话，和他们交流想法，倾诉工作中的不顺心和生活中的不开心。小事大事架起了我们沟通的桥梁，拉近了我们的距离。同学们，在校的学弟学妹们，我希望你们能和我一样，从现在开始，去爱你们的父母，去做一些能为他们做的事，哪怕只是一句关心的问候，一个关怀的眼眸，一份牵挂的情，让他们知道。你们的父母会因为你们的懂事而高兴，作为子女，我们的幸福就是因为我们的父母幸福快乐地活着。

我的实习生涯即将结束，想说的有太多太多。其中的苦与乐，酸与甜，都让我体会到了生活的不容易。社会竞争越来越激烈，要想做出一番成绩，就要有不懈的工作热情和奋斗的决心，还有不断充盈的智慧和能力。在竞争中不断改变自己，提升自己，有学习的机会就不要放弃。趁我们现在还年轻，想做的就不要犹豫不决。珍惜每一个学习机会，抓住每一次机遇，创造属于自己的成就。现在最重要的是，你知道你现在需要的是什么吗？我知道我需要的是什么，那就是知识和机遇！

实习生活中一件难忘的事

史飞娟　旅游外语 200610
实习单位：三亚红树林度假酒店

岁月如梭，斗转星移，来红树林实习已经有三个月了。

开始两个月我是在总机实习，第三个月才转到前台。这个月，发生的事情还真不少。在前台工作，总要处处小心，认真仔细，来不得半点马虎。前台工作一方面要为客人办理入住，另一方面要办理退房，还涉及收银，一不仔细，一马虎，账目就会出错。前辈都说，干前台风险很大，动不动就要赔钱，所以做前台的要特别心细，就算再忙也不能乱，一步一步来，不能一忙起来就乱，客人急，但是你不能急，因为一急起来很容易就乱了，前台手脚要麻利，速度要快，办事效率要高……

记得有一次，晚上12点了，客人来了，给他办理入住，交押金是做的预授权。当时是我第一次刷卡做预授权，也没检查是什么卡，直接给客人做了预授权，也没留意卡单上的字，当时就刷成了销售500元，而不是预授权500元，可当时没经验，也不懂得辨认。办完后，客人去了房间。在我录入资料的时候，问题出现了，输入卡号和日期老出现问题，与平时输入的不一样。当时挺纳闷的，正好旁边有一位老员工，我让她帮我看看是怎么一回事。这一看不得了，把我俩都吓到了，她很着急地说："天呀，你怎么把借记卡当信用卡刷呀，借记卡是做不了预授权的，一刷就是销售，过了12点，银行那边一结算，钱就拿不回来，做不了取消了……趁时间不长，看能不能有所补救……"她马上给客人打了电话，委婉地让客人把卡再拿到前台，幸好客人也好，没说什么，马上把卡拿到了前台。他的卡还真是借记卡，客人说是他的工资卡，他没有信用卡，同事给他解释了一番，并让客人改交了现金，也及时在电脑上做了取消，真是有惊无险。

事后，同事严肃地对我说："下次可要仔细了，只有信用卡才能做预授权，银行可以冻结卡里的钱，但是借记卡不行，借记卡一刷就成销售，做不了预授权的，幸好发现得快，要不过了12点后，就取消不了了，等着赔钱了，幸好你懂得问，记得有不懂的就一定要问，不要害羞……"过后她还教我怎样辨别信用卡和借记卡。真是庆幸有同事帮忙，补救得及时，要不500元，我一个月的工资就没有了……

这件事的教训给我后来的工作起到了很好的警示作用，现在我在给客人做预授权的时候都会很仔细，检查是不是信用卡，打出来的卡单也要检查一下是否有预授权三个字，然后让客人确认。遇上客人交现金或者是外国客户兑换外币时也一样，要仔细、不马虎，慢点没关系，千万别弄错了。数字要一对再对，钱要一数再数，确保无误后，才交给客人。特别是兑换外币，很容易给错钱，自己少了钱没关系，同事也说你可以多给，但是不能少给，当然最好的是刚刚好。其实前台的工作是很麻烦的，不能有半点的马虎，出了问题，如果客人还在店，你还有补救的机会；如果客人已经离店，那就很难说了。特别是在客人退房结账的时候，一定要算仔细，算清楚了。不久前，我一个同事刷错了卡，有4千多的消费没有刷到，而客人没有留下任何联系方式，钱是追不回来了，责任只有自己承担，每个月从她工资里扣除一千元，她一个月工资才1200元……

所以，做什么事情都不能粗心大意，一定要认真仔细，这既能保障自己的利益，也是对客人负责。学校一直都教导我们，要胆大、心细、脸皮厚，做前台的，就是要这样。

在工作中，每个人都会犯错，每一次的过失都是一个很好的教训，每一个教训都值得我们铭记在心！

实习是通往成功的舞台

符燕舞　旅游外语200610
实习单位：三亚红树林度假酒店

随着冬天的到来，我才发觉，我已经不知不觉在红树林度过了3个多月。通过这段时间的磨炼，我从一个胆小、懵懂的学生成长为一个懂事的小大人了。

三亚红树林，这里所有的一切都让我充满了好奇与幻想。此次实习是我踏入社会的第一步，第一次体验多彩的社会生活。到这里实习我信心满满的，相信这里就是我通往成功的舞台。

在来红树林的路上，原来欢欣的心情不觉中增添了几分担忧。担心自己在这边会住不惯，不知道老员工会不会为难实习生，不知道面对陌生的一切自己能不能适应？直到参观了酒店之后，感觉这里的环境、整体的设施设备及管理方面都挺不错的，心态才慢慢调整过来。

最激动人心的时刻是分配岗位。我被分到了中餐厅。虽然不是很满意，但我还是觉得既来之则安之，选中了这里未必是件坏事。红树林的中餐厅是一个具有浓郁古典气息的中式餐厅，里面的环境非常优雅，当餐厅里播放古典乐曲时，让人不知不觉中完全沉醉在这种气氛当中，所以很多客人都很乐意到这里用餐。可我们的服务要求也很高。刚来中餐厅时，我先跟着老员工学习，餐厅的台号，茶水，酒水知识，各种菜肴的酱汁配料，海鲜的价格，做法，以及菜肴的分类，等等，学习各种知识。刚开始就要学习那么多，我一下子没法记住，所以老做错事情。一边要背这些知识，一边要学会如何服务好每一位客人，那时候心里觉得好委屈。不过坚持了几个星期之后，我慢慢地喜欢上这份工作了。虽然还会有做错的地方，但我学会了在错误中发现自己的不足，知道我该怎样做才会有更大的进步。在中餐厅里我学到了许多东西，也让我明白只有不断地练习和尝试，自身才会有所提高。

在中餐厅里，不仅要学习各种菜肴知识及服务程序，而且英语也要学好。到红树林酒店度假的外国客人比较多，英语不好的话，结果只有一个："淘汰"。我的英语基础不是非常扎实，所以现在很认真地在学习。酒店里开设了英语培训课，是专门为学习英语的员工提供的。酒店给予我们这样好的机会，我们要好好把握。不过现在中餐厅的工作已经开始忙碌起来了，所以有时候时间都不够用。有时候刚从中餐厅忙完，不知道是该去培训英语，还是去练习舞蹈，还是去睡一觉。但哪一边我都得去。忙得我头都痛了，不知道该怎么办才好，最后只得先去参加英语培训，培训中途的休息时间用来打盹，舞蹈的事，我可能在吃饭前20分钟知道动作，回宿舍再慢慢练习。慢慢地我就习惯了。现在学英语、工作、休息，都不耽误，而且英语也进步了好多。

这里也跟学校一样，每天都在强调着要注意礼节礼貌，时刻保持着微笑。现在我最自豪的就是在学校学了礼仪，良好的礼节礼貌使我的工作得到了更多的进步和认可。每一天我都带着甜美的微笑，良好的心态去上班，这样的好习惯让我的工作完成得更加出色，让我多次受到领导的表扬和客人的肯定。我还记得有一天我当迎宾，有位客人对了我说了一句话，他说，我们在中餐厅吃饭，不仅仅是因为菜美味、服务好，而是冲着你那甜美的微笑。所以说微笑能解决一切问题。一个微笑，就能为中餐厅带来了一笔生意。这就是微笑的魅力。

这段时间的实习让我知道不管有多苦、有多累，只要我们坚持下来就能看到雨后的彩虹。只有在苦、累中我们才能发现付出的价值。只有在汗水中才能发觉自己在进步。也让我们懂得，只有不断地学习进取，我们才不会被淘汰；只有不断地积累知识和经验，人生才会一路平坦；只有不断地追求创新，我们的明天才会更加美好。

我很庆幸，到红树林实习的同学都能很快适应这里。希望我们实习完毕业的那一天，每位同学都能带着丰硕的收获走上社会。

"你日子如何,力气便如何"

曾小燕　旅游外语200610
实习单位:三亚红树林度假酒店

我于2007年9月来到三亚亚龙湾红树林度假酒店实习,如今,为期十个月的实习期结束了。在回首时,时间总是显得仓促。在校期间总是奔走于学校与家之间,就这样两年就过去了,现在则是行于酒店与宿舍之间,生活似乎满是空白,记忆中最深刻的则是那许多的半山半水的美丽画面,我想:在这样一个景色优美的地方工作也真是件惬意的事了。这得感谢学校为我们提供选择的机会。至今,奔赴实习岗位前,对学校的承诺仍然记忆犹新,曾经的豪言壮语,曾经的伟大理想,曾经的我,如今依然,我决不轻言放弃。《圣经》中说:"你日子如何,力气便如何。"我想,反之,也是该成立的吧!简单的十个字何等微妙啊。

在实习期间,我积极参与酒店的活动,严格遵守酒店的规章制度,也时刻不忘实习纪律,最终完成了学校的嘱托,以一个员工和一名学生的双重身份完成了实习。我实习的部门是大堂酒吧。由于部门运作灵活,所以,我所肩负的工作既有服务,也有制酒出品,这让我多了一个学习一项技能的机会。调酒是件挺好玩的事,可不要小看,它可是技术与艺术的呈现。无论是调制,还是鉴赏,都是件赏心悦目的事,过程同样是种享受。我在学校的选修课程有鸡尾酒调制,所以在工作中,只要严格按照程序做好相应的工作,熟记酒方与制作步骤,就没什么问题了。在学校,我学的专业是旅游英语,在酒店的一线部门工作,也让我得以学以致用,在三亚,外国客人是很多的,因此,要在三亚立足,不会英语,是行不通的。在实习中我发现,与人相处是一件很有学问的事。我与领导相处还算融洽,他们只是对事不对人,甚至很多地方对员工还十分担待。我以为,好领导就是应该要多担待些,这样,别人才会认真做事。其实我这样想是不太对的,责任

"你日子如何，力气便如何"

使然。人与人的相处，是不能少了责任感的，不光是上下级之间。还有，待人要真诚，真诚是人与人沟通的语言。在这些方面，我想，纵使我天资愚钝些，又何妨，只要有心发现，用心学习，我就会进步，谁敢说我今后一定还是昔日阿蒙？

来红树林酒店10个月，又是一段成长历程。其中的曲曲折折，只有自己体会了才会懂！最初我信心满满，却很稚嫩，没有社会阅历，没有工作经验，没有成熟的思维，只有理想与憧憬；之后的两个月，我努力地做好自己的工作，我努力地笑，在心浮气躁时我告诉自己要坚持，工作渐渐也变成了生活程序；接下来的两个月，我开始害怕，无助，日子几乎满满写着空白，不知道未来在哪里，理想让人心疼，我的憧憬只剩下模糊不清的一片……渐渐地，工作变成了生活的一部分，我开始习惯，至于我的理想——像是只剩余温的石头，有了硬度，它似乎有种引力，有微弱的光亮，我可以感觉到，它使我学习，上进。我想这也是社会的力量吧，它是有这样的力量的。它是个大熔炉，你我都是其中的小小的因子，经过历练，我们会有不同的形状。对于我来说，这些体会是宝贵的，这10个月也是宝贵的。当然，人生是一个不断学习的过程，所以，以后，我还会有很多这样的日子，不断学习、不断追求的日子。

最后，容许我向我的领导和带队老师吴斌老师表示最真切的敬意，你们辛苦了！谢谢你们的指导！也感谢学校给我这次到工作中学习的机会！谢谢！

勇敢面对，迎难而上

彭雪红　中餐烹饪与营养膳食200619
实习单位：三亚希尔顿大酒店

实习，是人生的一个转折点，实习结束，意味着在以后的人生道路上，我们将用自己的双手去创造，去自力更生，再没有辛勤园丁的引导，没有父母的零花钱，一切就靠自己了。实习已经结束，但实习过程中发生了很多事，我们可留意将其中轻松、快乐的因子挖掘出来细细品味，学习品味过程之美，这样，我们会懂得珍惜生命中的每一天，拒绝和抛弃那些不必要的精神牵绊和束缚。

我最为深刻的工作体验有以下六大方面：

一、酒店对新员工的接待与尊重

希尔顿给予我的第一印象就是：友好，平等。他们对员工十分重视与尊重。

9月10日，我们满怀憧憬与期待，来到位于三亚市区的希尔顿员工之家（公寓）时，严经理已在门口等候着我们，对我们的到来表示欢迎，我的心情很激动。接着公寓工作人员分别领着我们到已安排好的宿舍床位。经过三天的入职培训，我们于13日下午到酒店参观了大堂、客房、SPA及餐厅，接下来我们19位同学就各自去部门报到。我来到了酒店最正式的西餐厅——冰源餐厅（IZE restaurant），当时眼前的一幕让我受宠若惊，餐厅主管Sari笑着迎面走来，做了简单的自我介绍后，她说："非常欢迎你的加入，这几天挺累了，先休息两天，星期一再开始上班吧！"虽然我们以前素不相识，但在以后的工作和生活中我们需要相互支持和鼓励！我们从此是一家人了！

二、与厨房合作

冰源餐厅主营海滨新风尚美食，以清新经典的创新，外加巧妙的烹饪技术，为顾客带来"恰到好处"的用餐体验！餐厅除了优雅高档的环境及良好的服务外，美味的西式菜肴很有特色。看区的服务员是前线人员，而厨师是后线人员，前线员工与后线员工的互动与合作是非常重要的。有时厨师要同时做许多桌的主菜，这时就需要传菜员协助他们，提醒他们哪桌客人等了很久，先做哪桌的，但有时难免有上错或叫错菜的情况，可能会引来厨师们愤怒的目光，态度恶劣的甚至大声斥骂。我曾遇过这样的情况，面对他们这样的态度，我控制住了自己的情绪，向他们表示歉意，接着调整心绪，集中精力保持清晰的思维继续工作。我告诉自己：刚踏入这个环境，只是一个开始，再大的困难都要挺过去，别害怕，别退缩。后来才渐渐了解到，餐厅的厨师一直有着这种不良的行为，但换位想想，他们确实很辛苦，在火炉旁又很闷热，我也便明白，有时为他们递上一条冰毛巾，多理解他们，多相互交流，往后的工作会简单不少，因为我们始终都是为客人服务，没有理由不站在同一条线上啊！

三、培训与集体活动丰富多彩

希尔顿给我最深的印象是培训不断，大到整个酒店，小到各个小部门，无论新老员工，都需不断参加各种培训，如英语培训，收银、服务、如何处理问题等培训。来到 IZE 的第一天，餐厅领班为我精心准备了培训资料，上面有详细的英汉解析。这一举措让我颇受鼓舞，往后我们就固定了每周有两到三次不同岗位和服务英语的培训，我很喜欢这样的培训，也很珍惜这来之不易的学习机会。外教老师及上级领导都鼓励我勇于去说，敢于去做，去实践及尝试，不怕不对，就怕不敢，他们给予我莫大的勇气和支持！

酒店时常组织各种丰富多彩的集体活动，以增强我们的团队合作精神及集体荣誉感。2007 年 12 月，酒店组织了一次南山答谢之旅，晚上我们共度答谢晚宴，有许许多多的互动环节及精美礼品，在 Esprit Party 中我们餐厅也报上了一个歌舞节目——米娜的《夜艳》。对于节目比赛，我们并不在乎结果，我们只享受每次的舞蹈排练，享受音乐与舞蹈带给我们的轻松与快乐，享受身在集体中的融洽感！

四、以积极的心态面对工作

我很热爱我目前从事的行业。我认为，一个人一旦心情愉快起来，就会全身心投入，本来你觉得乏味无趣的事情会变得妙趣横生，这正是工作的本质所在。无论你眼下从事什么工作，无论你是否大材小用，无论别人对你的评价如何，只要你工作一天，你就要爱自己的工作一天，全身心地投入一天。我在工作和生活中也有情绪低落的时候，甚至很迷茫，不知自己要走的路究竟在哪个方向，但我很快就打消了这些消极的思绪，从不把这种不良的情绪带到工作中。

爱自己眼下的工作，即使是给老板打工，也要认真地做好每一件事。表面上看，似乎"便宜"了老板，其实真正受益的是我自己，我积累的工作经验老板是抢不走的，这些经验会是日后成功的基础！

五、学会自我激励

马克思说过："你之所以感到巨人高不可攀，那是因为你跪着，不信你站起来试试，你一定能发现，自己并不一定比别人矮一截。"在实际工作中我总觉得自己有许许多多比不上别人的地方，有时幻想着别人所有的能力我都可以拥有，但这只能是幻想，我深深知道能力是无法转换的，需要培养和积累。不需要过多地贬低自己而抬高别人，看看镜子中的自己，好好自我欣赏一番，告诉自己"我不比别人差"。实习期间，我实习目标明确，严格遵守酒店的各项规章制度，严于律己，工作认真肯干，快乐地生活和工作着，保持着微笑面对客人及同事，受过许多客人的表扬。实习七个月后，我曾被餐饮部连续两个月提名为酒店优秀员工，我很高兴，自己的努力得到认可，但这还远远不够，这只是代表过去的成绩，我会继续努力，争取做得更好！

六、自我能力的加强

如果要真正地在餐饮服务这个行业继续工作的话,还有很多知识和技巧需要了解和掌握。我觉得自己应在酒水及菜肴知识上多下功夫,提高英语口语表达能力及应变能力,更注重细节,培养更敏锐的感觉,学习处理良好的人际关系及合理处理矛盾和投诉等。

短短十个月的实习已经结束,总有许多感悟和体会,我愿意和大家分享我的快乐。我坚信以后无论在生活或工作中遇到怎样的挫折和困难,我都会勇敢地面对,迎难而上,抱着乐观的心态,去做每一件事,继续人生的旅程,体会成长的快乐!朋友们,请相信青春的我们是充满活力,充满希望的。青春是幸福美好的,但也充满艰苦的磨炼。人的生命,似洪水在奔流,不遇到岛屿、暗礁,难以激起美丽的浪花!

让我们携手共进,描画多彩的人生!

实习是全方位的考验

王 娟　计算机应用 200716
实习单位：紫荆百货

时间一晃而过，从学校举行招聘会至今，我走上社会已经快五个月了。原以为只要通过学校招聘会，就可以放心地在这个岗位实习，但事与愿违，我的实习路并没有我想象中那么顺利，反而遇到许多困难，然而这些障碍也给我带来了许多经验和启示。在领导和同事们的悉心关怀和指导下，在班主任的鼓励下，我终于对自己有了一定的肯定。

对于从没接触过社会的我来说，实习是个很陌生的字眼。作为一个实习生，再也不像学生时代那样只跟书本打交道。实习在全方位考验着我各方面的能力：生活、思想、身体、心理，当然还是少不了自身的不断学习、积累，看能否把自己所学的东西真真正正地用到实践中去。

因为我学的是电子计算机专业，现在却要投入到销售这个陌生的行业中去，我感到压力很大，欠缺知识，对这个行业的规则也很陌生。第一天上岗，我就感受到很大的压力，很无助。工作的艰苦与生活的单调是我始料不及的，每天基本上是站着8个小时，面对数不清的顾客，其中的辛苦是不言而喻的，而且身旁都是陌生的脸孔，找不到人倾诉。面对这一切，我曾多次动摇过，想着放弃算了，难道自己只能在这人来人往的商场忙忙碌碌地度过每一天吗？再也没有多点空闲的时间做自己想做的事了吗？这样下去根本就是种煎熬，一点意义都没有！每结束一天的工作躺在床上，不一会就睡着了，真的好累，我很庆幸我有个健康的身体，不然我估计早倒下了。但是，看到同事们不断地彼此打气、鼓励、支持，我被她们的情绪所感染，好想融入她们之中，虽然大家只是工作上的同事关系，但是感觉很像一个大家庭。每一次我遇到困难时，她们都给了我足够的宽容、支持和帮助，这让我非常感动。看着她们和睦亲切的脸庞，我感到无比的庆幸，遇到这群这么好相处的前辈们，我们之间并没有因为年龄差距而有隔阂。渐渐地，我打消了消极的念头，重新振作起来，坚持顾客就是上帝的宗旨，每天认真工作，以累为荣，以苦为乐。这一切使我的思想得到了升华，从此我意识到工作的单调和艰苦不再是一种负担，而是我们生活的必需。

在这段实习期间，有很多让我欢喜让我忧的事情。有第一次销售的成功喜悦，也有被拒之门外的伤心往事。这种种的经历给我留下深刻的回忆。我觉得只要自己用心去做一件事，不管最后结果如何，只要付出了，就问心无愧了；也只有用心去做，才能做得开心，做得有成绩，自己的销售业绩也才会有提高，才能学到更多的东西。

实习期间我不仅学会了如何去做销售，而且在服饰方面也有了深入的了解，学习了关于服饰陈列的很多学问。起初我对于专柜橱窗模特的服装搭配并没有多深的了解，经过一番培训后才知道，这里面隐藏着浪漫而寓意深刻的故事，而且每个故事里就有一组个性风格的陈列方式。学会这些以后，我渐渐地对服装陈列、搭配产生了深厚的兴趣，再不是仅仅死板地销售衣服了。前辈们告诉我："一种好的搭配，可以把设计师的创意完全展示出来。不失设计的原创，直接让产品在顾客面前体现设计师的风格，让顾客从专柜的橱窗中就能看懂该专柜的服饰年龄阶层以及风格。"

了解自己所销售的产品是最基本的，如何做好销售才是从事这门行业最重要的。对于这个，我从店长那里学到了很多。

记得有一次，一位客人需要一件中码的大衣，我到仓库找了好久都没有找到，当走出来的时候发现店长已经让客人试穿好，帮客人整理衣服了。店长真心诚意地微笑，热情周到地服务，并对客人试穿后的效果做了中肯的评价，客人毫不犹豫地买下了这件衣服。销售结束后，店长告诉我："一定要把卖场里每一件衣服的价格、面料、产地，记个滚瓜烂熟。如果客人问起，不能马上告知客人的话，客人就会认为你很不专业，你向他推荐的衣服他自然不会放心去看。销售看起来轻松，其实要运用很多销售技巧，包括抓住客人的心理，懂得察言观色。只有我们对顾客了解得越多，和顾客建立一种和谐的关系，善于倾听顾客的每一句话，才能把交易概率提高。"这也让我感觉到销售行业是个最能学到东西和锻炼人的行业。服务他人，快乐自己，当客人满意地对我说"你的服务很好，我很满意"这句话时，我会因为这句话高兴一整天，更重要的是自己又多了一份勇气和一份信心，对下次的交易更有把握。这也让我领悟到：其实所有的销售都是相通的，只是销售的产品不同而已，所以当了解产品后，要想办法把自己的销售水平提高。

如今，我热爱我的工作，虽然每一天都很忙碌，但都是开心度过的，对于销售工作虽谈不上得心应手，但是比起开始时，已经熟悉多了。工作让我发现，在学校所学的专业出学校以后不一定会用到，所以个人更要加强自学能力和思考问题的能力，要善于发现问题、提出问题、分析问题和解决问题。我相信，在营业员这个平凡的岗位上，只要努力，不断前进，一样能把白纸涂得五彩缤纷。人生本来就应该这样，不要去谈论工作的高低，也不管压力有多大，都要一步一个脚印地走下去。人不可能一辈子都走平坦大道，没有一点困难和挫折，人生就一点味道都没有了。流水因为受阻才形成美丽的浪花，每一位伟大人物的背后都印有数不清的坎坷。自己的人生才刚刚开始，遇到困难不逃避，勇敢面对，跌倒了再爬起来，每一次的失败就是自己得到的宝藏。不管以后在工作中遇到什么，都要给自己加油鼓劲，用失败来记载自己走过的路程，这才是真正的成长！

珍惜我们的实习机会

符谷之　计算机应用 200717
实习单位：金茂三亚希尔顿大酒店

  实习的结束将意味着我们要实实在在地踏入社会了，时间过得真快，想起刚来到实习点的时候，我们带着自己在学校所学到的知识，带着家人对我们的担心，带着老师对我们的希望，满怀憧憬地面对走上社会的第一步，那一切仿佛就在昨天。9月10日，教师节那天，我们19名同学坐上了去三亚的汽车，向"战场"前去，进行十个月的"实习之战"。我要去的目的地是"金茂三亚希尔顿"。对我而言，酒店实习是新鲜的，虽然我学的专业不是与酒店相关的，但我想我也能够把实习这个工作做到完善。

  实习，我们听说非常的辛苦，因为听老师、学姐都讲过。还好这也让我做好了吃苦的准备，但是心里还是有点害怕，因为长这么大了还是第一次自己出门，不过也少不了兴奋！应该实习完我们就真正地长大了，第一次自己在外面，没有父母的啰唆与约束，这也是我第一次在酒店工作，我想这次实习会让我在其中获得非常多的第一次，我非常期待……

  我们这19名在希尔顿实习的同学，都在餐饮部不同的部门，18个人被分到了各个餐厅，而我却不是，我被分到的部门是酒水部，我上班的地方是不固定的，今天我可能上中餐，明天我可能上西餐，只要有吧台的地方就有我上班的地方。

  我的工作并不像其他人一样每日擦洗餐具、上前服务等。因为我上班的工作是出品一些酒水类的饮料，如各种花式咖啡、鸡尾酒、果汁等。刚到部门的时候，热情和年轻的我，并没有丝毫感觉到累，我觉得这是一种激励，让我懂了很多酒水的知识，知道了在什么时候喝什么东西对身体有益，当然也接触了社会，了解了社会。在部门里虽然我年龄最小，但我还是经常主动去问老员工需要帮助吗，当他们请求我帮助时我都非常乐意去帮助他们。酒店在很多地方与学校都有所不同，在学校里会有老师告诉你如何去完成一项工作与任务，但在这里，没人去告诉你，必须自己去做，自己去完成，而且要做到最好，因为你每次完成一项任务就会得到别人不同的评价。

在酒店工作每天差不多都是做一样的事。有人问过我这些烦不烦，我很直接地回答不烦，因为我在学校的时候得到了很好的锻炼。我在学校是学生会生劳部的干部，我每天所做的工作是检查卫生，卫生每天都做我也每天都检查，在学校学生会工作了两年，同样的事情做了两年，实习工作才半年，这对我来说根本没有问题。我非常感谢学校给了我这个进入学生会锻炼的机会，当然在学生会里也不是只学到了这些，例如一些事情我不必再由别人提醒也能做到，又如，在学校的新校区第一次住校，在那里学会了独立，不需要父母来操心我的起居了。

当然有时工作中也有做不对的地方，但我对自己做错的事，敢于承担，做错了就去向老员工询问该如何完成，为什么我会做错了。通过对这种种新事物的接触，我学到了许多社会经验，还让我知道了许多书上没有的东西。在上班的时候，有时酒店生意会很好，很忙，也会常常加班。由于我在的部门很缺人手，所以我们要经常加班加点。不像以前在上学时过什么大的节日都会有假期。就拿过年来说吧，今年过年期间我们在工作岗位上工作，没有同学回家过年，这是我们从小到大经历的第一个在外面过而不是和家人过的新年，还好我们还有带队老师和一起实习的同学，我们也是一家人。但是我还是非常想在家里，想在学校的生活，因为上班有时候真的是太累了。幸好有带队老师的鼓励与同学的关心，老师说还有同学比我们这里还要辛苦，还要累。听到这些我下定决心咬紧牙关要坚持实习完。

在这半年实习里，我体会最深刻的是珍惜。半年前还在父母和老师们关心下成长的我，学习就是生命中的一切，而现在不同了，进入了"黑暗社会"，不但要时刻告诫自己哪些事情该做该不做，还要学会生存。原来由父母照顾的日子已经不再拥有了，工作是磨炼意志的。酒店给予的工资，对于我们而言是走上社会后的第一桶金，因为这毕竟是自己劳动得来的。经过了辛苦的劳动，我才知道父母赚钱养我们是多么不容易，父母养我们的负担和压力有多大。这让我学会珍惜。

实习让我知道，做任何事情都要去忍让，忍让别人对自己是没有坏处的，因为你顾及别人的感受，别人也会顾及你的感受。经过实习，我学会了与每个人更好地相处。酒店就像一个小社会，有不同国家的客人，他们有着不同信仰，不同生活方式。在这样的环境中要去忍让别人，不要把自己的想法强加给他人。尊重别人，别人才尊重你，这样你也会很轻松地去与别人沟通。和人相处一定会有口角的，这时不管是你错还是他错，都要换位想一下对方的心情，体谅一下别人。和别人和平相处，日后在这同一个环境里，你会有很多帮助你的朋友。

实习的这十个月让我的人生多了很多的精彩，我知道这只是很小很小的一段，因为后面我还有漫长的人生道路要走下去……

认真地去对待工作

陈 精 中餐烹饪与营养膳食200721
实习单位：三亚红树林度假酒店

一梦两年，梦醒时空已然转变。在三中学校如梦般过了两年，太快了。在学校的日子里，在老师的带领和指导下我学到了专业面点制作的一些基本操作过程。度过了两年时间，就要出校实习了。

带着几分疑惑，带着几分期待，我踏入了五星级酒店实习。酒店是三亚龙湾红树林度假酒店。

8月4日下午，我们带着行李坐车来到了红树林酒店的员工宿舍，每个人兴高采烈地去往各自分配好的宿舍，期待第二天去酒店报到。睡在红树林酒店的员工宿舍，闭上眼睛之后，好像没睡多久，天就已经亮了，离通知去酒店报到的时间还有一个小时，而我已无睡意，起床后叠起被子，刷好牙，穿上我们学校的校服，带上领花，穿着得整整齐齐，等待着去酒店报到的那一刻！

时间一分一秒地过去了，再看时间一下，到了报到时间，怀着紧张、兴奋的心情来到了红树林度假酒店。酒店的管理人员带领我们办理完新员工手续后，接着根据我们在学校所学的专业，将我们分到各个小部门。

我被分到的部门是西饼房，我很高兴能分到自己喜欢的面点处。到饼房见到的第一个人是饼房的厨师长。我自我介绍之后，他带领我去见饼房的同事，对我来说他们都是我以后要跟着学习的面点师傅了。就这样，我们互相介绍了一番，都知道以后一起工作该如何称呼对方了。这是上班第一天，感觉挺好，就这样，我的实习生活开始了。

刚进饼房的我不知道该做什么，只有跟着师傅学习做面包、蛋糕、比萨。每天的工作时间都很长，从早上6点工作到下午5点，现在我总算知道在外工作赚钱的辛苦与不容易了。在工作上会碰到不少挫折与困难，但我相信没有什么事是不能解决的，不能一碰到问题就退缩，要勇敢地面对并想办法解决，这也是一种锻炼。在饼房工作，刚开始不了解工作程序，所以不知道该如何做好，后来时间久了，自己也上手了，能独力工作，不用靠别人帮忙了，但是碰到了问题我还是会向师傅请教，师傅都很乐意教。在饼房工作让我很快乐。当时的我在默默地想，在这五星级酒店的饼房实习，对自己来说以后发展的空间会很大，好好做的话，我将来会很出色。我对自己说了一句话：我相信，自己以后是最棒的，要在这里好好学好面点，做到最好，因为我是旅游职业学校教出来的学生，是好老师培养出来的学生，所以要为旅游职业学校争光。

回想起来，在红树林度假酒店实习已有三个多月了，每天上班，下班，身处五星级酒店的环境中，感觉自己学到和看到了很多东西，这些可以从两方面来说。

第一，在工作方面。在这里工作的员工非常的勤劳，对待工作认真，谨慎。还有专业方面，我学会了做面包、打蛋糕等。饼房虽然是一个小部门，却给客人带来丰富的美食，在这里我感到美味与健康的饮食乐趣！

第二，在生活或工作时，我始终面带微笑，主动与人打招呼，互相问候，更学会了团体协作的精神。

总之，在这红树林五星级酒店里实习，我从中学到很多东西，学会认真地去对待工作或是每一件事情。在这里我还懂得了一个道理，那就是，一个温暖的集体，也是一个会让人有所成就的环境。

心态好，一切都好

王丽霞　高星级饭店运营与管理200806
实习单位：上海唐宫海鲜舫

时光飞逝，转眼间来上海银河唐宫海鲜舫实习已经快十个月了。通过这段时间的实习，我从一个懵懂的孩子，逐渐成长为一个懂事的成年人。实习期间，我遇到了许多挫折，许多不顺心的事，但我还是坚持下来了，以宽容的心面对一切。

来上海，第一次坐飞机，心情像海浪一样不能平静。两个半小时后，我们来到了一个陌生的城市，一个我们将要独立生活、成熟发展的城市。

在银河唐宫，刚到的几天，我们接受了岗前培训，内容有服务程序、爱心指导、职业生涯规划等，让我受益匪浅。

记得刚分配部门时，我被分到了传菜部，心里很不好受。因为自己一直都很期望能到楼面部工作，想多与客人交流，提高自己的口语表达。但是很不幸……只有好好努力，争取到楼面。在传菜部，伟哥是我的师傅，他是我们的学长，他在传菜部已经一年多了，他能在传菜部待那么久，我为何不能呢？我下定决心，要向师傅好好学习，把传菜部的知识学好。

第一天上岗时，师傅教我认识台号，他端一个菜，我就跟在后面，看他上菜的五部曲。慢慢地我就可以一个人端菜送菜了。可是那些菜盘好重，没几天，我就手痛脚麻、腰酸背痛。真后悔在学校没好好练习托盘技能。

在师傅和同事们的指导下，我认识了许多菜式及配料。在传菜部虽然辛苦，但我找到了快乐。工作勤快，时刻面带微笑，所以领导和同事也都喜欢我。所以在三个月后，新员工学习结束时，我被评为"优秀学员"。

其实工作过程中，有时很累，也想到过回家，会有放弃的念头。而大半年过去了，我似乎也明白了许多道理，也不再有当初那些不负责任的念头；也明白了，无论做什么工作，都要"干一行，爱一行"，这也是餐饮服务人员最起码的职业道德要求。每天最简单的事情也要认真做到最好。无论我端着多重的菜盘，我都会用最灿烂的笑容面对客人、同事，尽自己的能力做到最好。其实想想，在传菜部也没什么不好的，只要自己掌握了菜肴方面的知识，工作就方便多了。总之，从传菜做起，相信自己一定能行。

以前在学校，吃、喝、穿都是父母操心，从来就没想过自己养活自己。可现在出来实习，自己工作了，学到了许多在学校没学到的知识。工作上，做什么都要谨慎，并且心态要好。传菜部，是很多人都不想去的部门，但我觉得自己在传菜部是幸运的。因为在里面我学会了朴实与勤劳。社会是现实的，只要自己能吃苦，相信一定是"苦中有甜"。

总的来说，在传菜部我学到了很多。比如说，从端菜方面说起，端菜谁都会端，但是分菜就不容易了，如果不认识菜，就不能快速准确地分菜。在传菜部有数不尽的快乐。工作从不熟练到熟练，动作从慢到快，所以现在的我与以前不一样了。在传菜部，还可以一学两得，既学到传菜知识，又学到楼面知识。我常常"偷学"楼面的服务知识、技能。我相信，只要努力、勤快、认真、好学，任何人都会硕果累累。其实，在传菜部没有别人想象的那么可怕，只要熟悉传菜部的环境，有宽容的心，在传菜部也会有很好的发展。

着眼未来，你就会拥有未来，着眼现在，你只能止步于现在。职场上，远处着眼，近处着手，兢兢业业，不计较眼前利益得失，就一定会收获成功。从身边的小事做起，养成良好的习惯，有一颗宽容的心，保持良好的心态，相信你一定能成为职场中的巨人。

不经历风雨，怎能见彩虹

黄秀玲　高星级饭店运营与管理 200802
实习单位：广州中央海航酒店

我叫黄秀玲，来自保亭分校，实习地点在广州中央海航酒店，岗位是西餐服务员。

时间就像飞流直泻的瀑布。实习很快就要结束了，在这里我学会了不少知识和技能。

我刚来就被酒店人事部分配到西餐厅的酒吧间，是楼面的工作。同学们都说我很幸运，在酒吧工作既轻松又能学到很多东西。其实他们并不完全了解我的工作。确实，酒吧是一个学知识最快捷的地方，它包括做单、做数、领货等任务，可以学到很多的东西，但是工作并不是他们想象中多么轻松。西餐厅接管多方面的服务，包括会议、大堂吧、送餐等，实习中我慢慢体会到"自找苦吃、苦尽甘来"的道理。我很快学会了现磨咖啡、冲茶、榨果汁等日常工作，还经常到楼面操作摆台。当中的每个环节都不像我们想象中那么容易，起初我并不知道一杯现磨现煮的咖啡是用多少粒咖啡豆磨出来的，也不知道要用多少水，要煮多长时间，煮出来的味道是浓还是淡，等等。经过一段时间的努力，我才学会怎样把咖啡的味道调到最好，"不经历风雨，怎能见彩虹"。

服务客人是服务员的本职工作，做得好不好全看客人对你的服务是否满意，要给客人无微不至的照顾，可我曾经犯过一个低级错误。那是我给一个客人点餐时发生的一件让人刻骨铭心的事。

客人用手指着菜牌说："来这个葡国烧鱼，等等，这个葡国烧鱼是什么味道？"

我回答客人："甜的。"

客人说:"那我不要甜的,换个泰汁排骨吧。"

我说:"好的,还要其他的吗?"

客人:"不用了。"

我说:"好的,请稍等,马上为您送上!"

不久,我送来了客人的菜:"先生您好,这是您的泰汁排骨,请慢用。"

我刚要走就被客人叫住了:"小妹,过来一下。"

我回答:"先生您好,有什么能帮到您?"

客人说:"我前面想点个葡国烧鱼,但是它是甜的,后面我又换成泰汁排骨,我就没有问这是什么味道的……"

一时间我就蒙了……我怎么没有替客人着想,我连忙对客人说:"非常对不起,是我的错,我帮您换过吧!"

这个例子让我真正懂得了,任何时候我们都要把客人当成自己最亲的人去照顾,考虑各种细节,尽自己最大的能力让客人满意。我之所以没有很好地领会客人在点菜时的各种信息,那是因为我还不够关心他。

我想人生的主流应是百折不挠的执着。工作中会有很多不愉快的事情发生,可当挫折降临的时候,自己常常接受不了,常常认为是命运在捉弄自己。每当这时候,我对自己说,不要相信命运,所谓种瓜得瓜,种豆得豆,一分耕耘就必定有一分收获。我需要的是勇气,面对挫折靠的是勇气。在我离开学校前,即将踏上工作岗位的我非常害怕工作降临的磨难。我把这事情告诉了爸爸,说我不想去实习了,当时爸爸就说了一句让我刻骨铭心的话:"在未知的世界中,一切都是扑朔迷离的,充满了困难,每一步的尝试都有可能面临失败的深渊,这时你最需要的东西不是去依赖别人,需要的是无所畏惧的勇气。"每当我受委屈的时候,我都会想起爸爸的这句话,坚决不让自己掉一滴眼泪。

随着工作经验的增加和周围人的关心,我很快成长为一名合格的西餐服务员。但我相信,工作没有最好,只有更好,要想尽办法让自己成为优秀的西餐服务员。作为一名西餐服务员,学好外语是很重要的,因为英语是世界通用的语言,不仅仅西方的人讲,而且来到我们西餐厅的日本、韩国客人都在讲。虽然我

零距离的倾诉

可以听懂老外点的所有菜，有时候还能跟他们对上三两句，但我对自己的英语水平是远远不能满足的。熟悉工作之后，很快我就投入到学习英语的任务中，我的英语在一天天进步。在这几个月里，我的服务得到人部分客人的好评，因为我很快就熟悉了这里的常客，也在为客人点菜方面积累了很多宝贵的经验。

如果时光能倒流，我不会像过去一样盲目学习和盲目工作，我会好好计划我日常的学习和生活。我要从工作中寻找生活的快乐，而且我相信，只有播种才能收获，只有启程才能达到理想的目的地，只有拼搏才会获得辉煌的成就。在最后这一段短暂的实习期里，我要使出我全身的力量，为自己的职业生涯奠定坚实的一步。

实习感想

黄小霞　高星级饭店运营与管理200806
实习单位：广州中央海航酒店

9月的一天，我恋恋不舍地离开了学校。我放下了手中的书包，和同班同学来到了广州中央海航酒店，与实习指导老师一起开始了为期9个月的实习生活。

第一天培训咬筷子和企业文化等，培训三天后，我们被分到各个部门，参加部门岗前培训。部门有中餐、西餐、客房、前厅等，而我幸运地分到了中餐咨客岗位。

实习半年多来，赶上广州秋季交易会和年底旺季，酒店的生意非常好，是最忙最累的时期。但有事情忙，就有学习的地方，酒店让我们学到了很多在学校学不到的知识和经验。刚跨出校门，又来到这么远的地方，总觉得外面的世界很大，心中充满了幻想。总的感觉就是有很多东西我们都要学会去适应，特别是人际这个方面，在这里要懂得和你的上司、同事相处，要想尽办法让更多的人喜欢自己，那样别人才愿意传授知识和经验，自己工作也会变得开心。

记得第一天上班的时候，酒店生意很旺，客人很多，我们这些刚来的实习生第一次上岗服务客人，感觉自己什么都不懂。但是我们努力观察，重点观察老员工他们是怎么操作的，他们做什么，我们就学着做什么。作为咨客，我刚来就必须把餐厅里100桌的台号、地理位置、容纳的人数记住，因为我的主要任务是引领客人到他们定好的位置，或者问客人共几位，通过对讲机与同事联系后带领他们到合适的位置就座。除此之外，我们还要冲茶给客人、帮客人埋单、订包房，在其他岗位服务员很忙的时候，我们还要帮他们铺台布。所以很多东西要在短时间内学会。有几次我们从早上6点半上班，到晚上10点半才下班，那段时间我觉得很辛苦，不知道能不能坚持到实习结束，那时也曾经想过要当逃兵。后来有一个部长，她一直都对我很好，她劝我说："你连这一点点苦都吃不了，以后还想做什么工作？你刚走出第一步，不能往后退。"她说得很对，她们也一样有这么大的工作量，她们能坚持这么长时间我为什么就不能呢？所以我对自己说，我绝对不能退出这个队伍，我要坚持下去。很快我的心情就平静了，不管以后的路是什么样的，首先要走好职业生涯的第一步，就像老师经常说的："道路是坎坷的，而前途是光明的。"

有人说过，这个行业不好，但我认为应该"干一行、爱一行"。而且我就喜欢酒店这一行，因为这个行业让人学会礼仪、耐心、细心，有良好的举止和工作态度。记得有一次，那时我已经到酒店实习两个月了，因为粤语我不熟悉，而有个客人不会普通话，所以我们两个人无法沟通。他用粤语对我说"皮蛋瘦肉粥"，我听成"牛肉粥"，然后去跟送点的服务员说那个客人要点牛肉粥。送点的服务员把牛肉粥送了过去又很快端回来了，对我说："你听错了，那个客人点的不是牛肉粥。"我很奇怪，上前问那位客人："您不是点牛肉粥吗？"客人生气地对我说："你听错了吧！你怎么搞的，我要赶时间的，我的机票都订好了……"客人的声音很大，周围的客人和服务员都看了过来，顿时我感到紧张和害怕，因为是第一次被客人骂。过了一会儿，我的部长过去对客人解释，说我是新来的不懂，让客人不要生气，还让我跟客人道歉。我很不情愿但还是微笑着对客人说了"对不起"，那位客人看我满脸笑容，又富有诚意地道歉，就原谅了我。回到宿舍，我进行了深刻的反思，发现自己忙于工作却忘记学习，没有目标没有方向地瞎忙。我暗下决心要在短期内把粤语学好。

日常生活和工作中有很多琐事，也有很多有趣的小故事发生，生活需要我们慢慢去品味。在中央海航酒店我学到了很多东西，我也会一直努力下去，期待拥有光明的职业前途。

实习，我赢了自己

廖丽珠　高星级饭店运营与管理 200805
实习单位：深圳丹枫白露酒店

当我提起笔要写这熟悉的总结时，才发现一眨眼的工夫，10 个月的实习生活即将结束，回想这段时间里所经历过的事情，历历在目，不由得感慨，时间过得真快。2007 年 8 月 28 日这一天，我满怀期待地和同学们一起来到这个我们即将实习的地方——深圳丹枫白露酒店。

俗话说：天外有天，人外有人。要与这么多从各班挑选出的优秀同学竞争，让一直以来都好强的我突然有一种压力，一种莫名的害怕。果然，在分部门时，我被分到了意料之外的部门——中餐传菜部。那个在学校里自信满满的我在那一刻，瓦解了，崩溃了，没有人能理解那种被狠狠地从高高的地方上摔下来是什么感受。在那段时间里，我都在痛苦中度过，加上每天下班回到宿舍，其他同学都炫耀地畅谈自己的部门，更是把我折磨得喘不过气来。慢慢地，活泼开朗的我变得寡言少语了。由于心理的落差和不平衡，我非常排斥传菜员这份工作，每天不仅身体累，心更累，常常一个人在夜深人静的时候，面对黑夜掉眼泪。当看着路上的行人来来往往时，总觉得他们每个人都知道自己要去哪，往哪走。可是我呢？我开始不断地问自己："我的方向在哪儿？我来这里的目的是什么？我不是做好了实习的心理准备了吗？为什么问题来了我却承受不了呢？"我不断地告诫自己：如果再继续下去，恐怕实习还没完，就被"送回家"了，这不是我想要的结果，我得马上振作起来。记得有位老师曾经说过："如果面对一件你不可改变的事情，就要从心里接受它，从行动上去改变自己对这份工作的态度及看法。"慢慢地，我不再痛苦，不再郁闷，反而觉得工作给我带来了快乐，让我从泥沼中解脱，从"心理陷阱"里跳出来。

零距离的倾诉

工作态度的转变，让我不再排斥传菜员这份工作，而是从工作中找了快乐，也迅速地进入了工作状态，以最快的速度了解了传菜部的工作流程，并发现了这份工作能让我学到在学校里学不到的东西，比如：菜肴的配料、菜肴的酱汁知识、菜肴的营养价值等。渐渐地，我能把这份工作做得游刃有余，得心应手。工作的快乐让我融入了传菜部这个大集体，和谐的人际关系也让我有了动力和勇气去迎接每一天，更敢于把快乐分享给身边的每一位同事以及上司。

在中餐传菜部我快乐地度过了 8 个月的实习生活。8 个月后，我被调到了酒店市场营销部，当电话销售员。面对新的工作和环境，我同样让枯燥乏味的电话销售变成了我的工作乐趣，这份新的工作让我学到了如何与顾客沟通，学会了善用自己产品的亮点去向别人推销。电话销售这份工作为我的工作阅历增加了另一个"筹码"。

在这 10 个月里，我过得充实并快乐，在这期间所经历的事情让我懂得了对待工作的态度，也是一种对待人生的态度，它能决定我们快乐与否。快乐也要过，不快乐也要过，那我为什么不选择快快乐乐地工作和生活呢？突然间明白了，天堂和地狱都是由自己建造的，如果你视工作为乐趣，人生就是天堂，如果你视工作为负担，人生就是地狱。

我相信，这 10 个月里我所经历的将是我人生中的一笔财富，它能帮助我在以后的人生道路上少走弯路。或许我并不是最优秀的，但最重要的是：我赢了自己。

实习中我要学习的东西太多了

韩香玉　高星级饭店运营与管理200902
实习单位：深圳观澜湖高尔夫球会

转眼间我们的实习生活已经过去了三分之一。我们的实习可以分为三个部分，入轨、定型、成熟。现在的我们已经完全入轨了，很快又要到定型阶段，接着很快我们的实习任务就结束了。

这段时间是收获最多的，学习到的知识是学校教不了的知识，这些知识的每一点都是来之不易的。不知错了多少回，忘了多少回，被骂了多少回，才能一点点地把它完全转变为自己的，这可是一个漫长的过程。

我实习的地点在深圳观澜湖高尔夫球会乡村俱乐部御花园西餐厅，这个球会是世界上第一大球会，是每届高尔夫世界杯举行的地方。这里有12个球场，处处都是绿草坪，给我的第一印象是"美丽"。我的实习地是乡村俱乐部，这是会所的一个小分点，这里有高尔夫练习场，有网球学院和网球场，有SPA水疗，有康体中心，有健身房，有两个餐厅，中餐帝轩和西餐御花园，每当客人在练习场打完球都会到这两个餐厅用餐。我在的餐厅，是一个环境优美、咖啡香味浓郁的西餐厅，面积180平方米，外面景色绿油油，与餐厅内的古典棕色融为一体，像一幅美丽的彩图。

进入餐厅的第一天让我最难忘。第一次接触餐厅内的同事，他们一个个都非常热情，处处对我关照，让我感觉非常温馨。我来到了一个人生地不熟的地方，大家对我如亲人般，让我感到这里像自己的家。我在这里做的第一件事是擦杯子。光认识杯子都需要一段时间呢！我刚来什么都不懂，只有擦杯子才能帮助他们。中午是餐厅就餐的高峰期，最忙的时候，刚开始工作，这里的一切都那么陌生，我只能看着一个个忙碌的身影从我身边经过，而我只能呆呆地站在原地，不知从何做起，仿佛一只小鱼迷失在茫茫的大海里。这时我才发现自己在这里要学的东西太多了，就这样带着迷茫工作。过了一个多月，慢慢地我开始熟悉这样的生活，慢慢地我不再只是擦杯子了，我开始上菜，为客人服务，点单，用电脑打单，这样的学习过程需要一个多月呢！

在这里虽然只有短短的那么几个月，但这几个月里发生了不计其数的工作上的问题，这些问题对老员工而言是很容易的，但对我这个刚步入社会的实习生来说是"难"。例如：上错菜了，不知如何给客人解释。点错单了，菜也做好了，该怎样去给客人说或跟厨师们解释，等等。我经常犯错，但每一次的犯错都能让我从中吸取经验，每一次犯错都会减少我下次犯错的概率，就这样，现在这些问题对我来说都不是问题了。

在这里我过得非常充实，工作上的一切都非常顺利，现在的我才是自由的，才是快乐的，因为同事，因为工作，因为熟悉了，所以我快乐。

相信自己，为自己加油！

郑雅紫　高星级饭店运营与管理 200905
实习单位：广州东莞会所

时间飞逝，转眼间我们上岗实习已有两个月的时间了。我们确实有必要做个工作总结了。

我们被分配的岗位不同，我被分配在东莞会所的中餐厅——桃源春晓。实习中发现，在学校所学的东西不能说完全用不上，但确实有很多的不一样。出来工作后才知道在教室里听老师讲课是一件多么幸福的事情，工作真的比自己想象中要累很多。两个月了，我来讲讲我学到了什么，有什么收获吧！

虽然每天都在重复地做同样的事情，但每天都会有收获。每一个公共场所每天的客人都不一样，所以我学会了怎样与不同的人打交道。我两个月上了 4 个不同的班次，也学会了在各班次中应该做的事情，如早班我们要负责清点布草，开通道的门；晚班当然是负责收档工作，有些人会去收毛巾，有些人会负责搞卫生，有些人负责看台、摆台；还有一个班次是直落班，我们最喜欢上的也是这个班次，上班晚下班早，上这班次我们要拉窗帘，关毛巾箱等。这些是我们四个班次的次要工作，重要工作当然是对客服务。

两个月来我感触最深的一点就是，服务过两次以上的客人，一定要把客人的姓名、习惯和用餐的爱好记下来，一定要做到在客人开口之前做好充分准备。我就拿我亲身体会的一件事来做例子吧。

有一次，在我们餐厅的大厅，我走过时在那儿停留了一会，看到一个来自德国的家庭在用餐，成员是夫妇俩和兄弟俩。这是我第一次见到他们，但不是我为他们服务。没想到过了一个星期他们又来了，我看到他们的时候兴奋极了，这次是我来为他们服务了。我用我在学校所学的英语跟他们做了简单的沟通交流，在

零距离的倾诉

这简单的交流时间里我知道了他们想要什么东西。我马上就给他们送上了三瓶青岛啤酒，一壶香片，一碟花生。那时我真的很高兴，因为我能和他们进行交流了。过了一会我用英语问他们可以点菜了吗？当时我也不知道我哪来的勇气。那时我们的主管在一旁问我：雅紫，你能搞定吗？我很有自信地跟他打了一个"OK"的手势，代表没问题我能行。整个服务过程相当顺利。就在前几天他们又来了，巧的是又是我来为他们服务。他们一进门我就知道他们还是想坐在他们的老地方A区的卡坐A5。他们一坐下我就用英语问他们为什么很喜欢坐在卡座这里吃饭，他们说，因为卡座虽然小但是给他们的感觉很温馨。客人还没点单，就给他们送上了三瓶啤酒，一壶香片，一碟花生。当我把这些东西都上齐时，他们在场的人都愣住了，包括领班和服务员。那帮客人个个都竖起大拇指称赞我做得好，并让我跟他们一起合影，我真的真的很高兴。这件事过后我才真正体会到了解客人的习惯有多么的重要，客人开心你比客人更开心！之后我才知道他们是我们球会在德国联谊球会的会员，我觉得我真的很荣幸。记住，了解客人的习惯比什么都重要！

以上就是我这两个月的工作总结，以后的我会像海绵一样，还需要吸收更多的知识来完善自己。我相信以后的我会比现在的我更加自信。

加油，郑雅紫！相信自己，你一定能做到最好！

不吃苦怎么能成长

符淑雪　高星级饭店运营与管理200907
实习单位：三亚红树林度假酒店

　　三亚是一个美丽的海滨城市，这里是旅游度假的天堂，选择三亚实习是我人生的第一步起点，也是一个开始。

　　来三亚已有三个月了，在这三个月里所发生以及亲身经历过的事让我从一个天真无邪的小女生变成一个成熟稳重的大人。每天面对着繁忙的工作，心里面有很多说不出的苦，刚来的前几天常常打电话回家跟家里人诉苦，时常向家人哭鼻子，但爸妈常安慰我说："现实的社会就是如此，不吃苦怎么能成长呢？你现在退缩的话回来能干什么，连毕业证都拿不到，要学会坚持，慢慢下去会习惯的。"在爸妈的鼓励下，我放弃了回家的念头。在自己工作累的时候，回想起爸妈说的话，的确很有道理，再苦再累自己都要坚持下去。刚来的那个月，一不小心犯了一个错误，点错了单，当时被副经理骂了一顿，我的眼泪顿时不听话地流了下来，觉得很委屈。赔了一半钱，心里很难受，很伤心，不敢再去点单。事情传得很快，许多同事为了此事纷纷鼓励我，安慰我，叫我不要害怕，总对我说："你越怕，就越会点错，自己要能放得开，不要怕点错单，相信自己能行。"在同事的鼓励下，我再次去尝试，这次自己很顺利地点完单，心里很开心，也很感谢她们的鼓励与支持，不是她们，我也不会学会点单，觉得自己很棒！

　　当初选择了餐饮，就必须要面对客人，自己总以为很容易的，但接触后才发觉自己的英语水平不行，跟客人难以沟通，这时才后悔在学校没有学好英语，要是能在学校好好地学习老师所教的知识，想必在这里就能够发挥自如。每次跟客人交流时，他们不会讲得太深奥，尽量讲得简单明了，才使得我听懂一些，每天反复地听、反复地对话，英语提高了不少。有时虽然听不明白客人说什么，但客

零距离的倾诉

人不会发火，只是笑一笑。心里面总在为自己加油，要学好英语。刚来的时候我很害怕服务客人，而现在的我，不再害怕与外国人接触。跟外国人沟通能增强听觉能力，也能锻炼自己的胆量，勇敢地说，不要怕自己会说错，要大胆地说出来，这样才能更快地学好英语！

现在我正在培训，学习中餐服务知识，让我加强自己在学校所学的知识，更加熟悉服务与操作技能。主管和领班对我很好，也对我很有信心。酒店慢慢进入旺季，餐厅因人手不足，也没有人肯来我们部门帮忙，酒店属我们部门最忙，现在我们一个人必须做两三个人的工作，每天工作回去累得要死，但自己已经选择了这个酒店，这个部门，就要做好心理准备。这对我们也是一种锻炼，来实习是让我们学更多的东西，巩固及加强自己所学的知识，认真地学好一门技术！

在这几个月里，我每天准时上下班，遇到不懂的事情能主动问领导及老服务员，在部门和同事友好相处，按时完成领导所交的任务，积极帮助他人。在10月1日部门最苦的日子里坚持过来了。我下定决心，不管多么累多么苦，一定要坚持到底，勇敢面对困难，勇往直前，克服种种困难，面向成功加油。

知错能改，善莫大焉

林秀雅　高星级饭店运营与管理201003
实习单位：三亚华宇皇冠假日酒店

我实习的三亚华宇皇冠假日酒店很大，有多大？在里面迷了两次路的不光是我，有很多新来的员工都跟我犯一样的"错"，可想而知，酒店是多么大。

我在的酒吧总共有六个营业地点，我刚来的时候被分到沙滩吧，那边是很晒的地方。沙滩吧不像餐厅那样，客人一来，服务员就可以直接走过去为客人服务，沙滩吧那边是每隔半个小时都要去沙滩上询问客人需要喝点什么，中午的那段时间最痛苦，因为那段时间外国客人最喜欢去沙滩吧晒太阳，太阳很晒，但好在不是很辛苦。最令我高兴的是，同事们大都是那样的热情友好，他们并没有因为我是实习生就对我冷漠生硬。在劳累之余，同事们一个甜美的微笑，都会让我感动，看来还是员工自己最能够了解大家的心情。每次一到没有客人的时候，他们都会拿出菜牌教我认菜牌、读英语。由于外国客人在我国旅游的比例大，所以我们酒店也不可避免地接待了较多的外国客人。在接待外国客人的过程中语言会影响服务的效果，如果客人说的你听不懂，所以你就不知道怎样去为他服务，如果你说的他听不懂，那就更无法进行销售。所以，语言是沟通的关键，外语是我们与外宾沟通的工具。外语的重要性，在实习中给我敲响了警钟，我必须在掌握书本知识的同时，加强对外语口语和听力的运用。

在这边实习，我陆陆续续收到一些小费，最多的是20元。那天，经理为一桌客人服务，客人给经理40元小费，经理把一半小费给我，那时候，我的心里是多么高兴。最少的小费是3毛钱，因为那位客人是外国人，他根本就不懂人民币，他以为三毛钱很多，还一张一张地点给我，那时候我不好意思拒绝，因为领班说过，客人不管给了多少小费，必须得收，要是不收，客人会以为你嫌少的，所以我就收下了。

在实习期间，与同事之间的人际关系处理，是关系我们实习效果的一大因素。同事之间的关系不比我们在校期间与同学的关系，彼此存在共同利益，经常存在利益冲突，所以人际关系不好相处。要是能恰当地处理好与同事的关系，就会受益匪浅，达到事半功倍的效果。工作中，他们能教你很多东西，这个潜在资源需要用心去挖掘，就像那天学长说的一样，想要在酒店继续发展，那要做到两方面：一是认真地把全部的酒水牌看懂；二是在酒店里有些事情不该说的不要说，不该做的也不要做；如果这两方面你都做到了，那你在酒店里就有了立足之地。

其实，在这边工作也是蛮好的，不过就是使用电脑打单比较危险，但现在在这儿待久了也不觉得有什么了。我刚来的时候就在沙滩吧上班，一个多月后，经理安排我到泳池吧那边上班。泳池吧跟沙滩吧不同的地方是比沙滩吧多了一台电脑，而电脑上面大都是英文。我的英语不好，而且又是一个人在泳池吧上班，那天打单的时候，不小心就打错了。那时我心里非常害怕，因为那些老员工说，使用电脑打单要非常注意，如果打错了，就得自己赔。我是越想越害怕，因为那张单，总共是两百多元，等于我半个月的工资了。后来，领班过来了，他看到我害怕的样子，也知道我不是有意的，他就说："没事，我帮你解决这张单，你就先下班吧！"而我想，祸是我闯出来的，我一定要去面对。于是我就不肯下班，跟着领班去了大堂吧，副经理在，我就跟他认了错，他笑着说："没事。"听到经理这么说，我松了口气。这件事给我很大的启发，不管以后做了什么事，只要勇敢地去面对，什么事都可以解决，俗话说，"知错能改，善莫大焉"嘛。

各位同学，在以后的道路上我们难免会碰到挫折，但请你们不要担心，不管以后的路有多么艰难，我们都会闯过去的，加油吧！同学们。

实习的三点收获

张玉霞　高星级饭店运营与管理 201003
实习单位：三亚希尔顿大酒店

首先，很感谢学校给了我这次实习的机会。同时，也感谢金茂三亚希尔顿大酒店给我提供了一个条件优越的实习地点。十个月的时间说长不长，说短不短。对一名实习生来说，十个月是漫长的，因为他们期待着早日实习结束，成为一名社会工作者。对一名工作者来说是短暂的，因为要在岗位上成功，竞职，十个月的奋斗时间太短了。刚踏入岗位，我是一名实习生，但我把自己当成一名初级的社会工作者。虽然称呼不同，但性质是一样的。光阴似箭，犹记得从学校坐车前往实习岗位的情形，到如今面临实习期满。回首那 10 个月的实习期，我做了什么，收获到什么呢？从以下三点来总结一下：

一、工作方面

我实习的部门是餐饮部的西餐厅，是个很大的、全天开放的餐厅。西餐厅的服务比中餐厅要复杂，讲究细致的服务，主要以服务酒水和西式菜肴为主。实习的 10 个月中，我在 Pantry（传菜员）岗位上工作了 7 个多月。Pantry 是一个很重要的岗位，做 Pantry 工作要细心，要掌握菜系分道上桌，如果一个餐厅的 Pantry 做不好，会直接影响餐厅的营业运作。我很好学，师傅教我，我学得很快，不到两个月就出师了。日复一日，我每天都是做同样的工作。长时间下来，我开始厌倦了。同时，我也学会了偷懒，工作粗心大意。有一次，有一桌客人点菜过了 30 分钟还一直没有上桌，于是他们投诉到餐饮经理处。后来了解，是因为我工作不小心，把单子给丢掉了。餐饮经理为了让客人吃得开心，把账给免了。事后虽然大家都不追究，但我心里内疚不已，久久不能忘怀。通过这次事件，我学会了要用心工作，要有耐心，工作中要不断提醒自己。做 Pantry 时，不是面对面为客人服务，而是在厨房和厨师一起工作，和厨师打交道，要和厨师和平相处，这样才能保证好厨房与餐饮的合作。同时，要请教菜的做法及原料，以更好地为客服务。

二、学习方面

从学校出来后，我看书的机会越来越少。在业余时间，我大多是看电视和听音乐，简直把书本丢到脑后，没有让更多的知识去充实自己。有几次，当与客人或自己的老板交流，能听明白，却表达不出来时，我发现，原来我的知识量其实非常的少，尤其是英语，在学校学的基础，现在甚至记不得最基本的语法了，顿时感到失落和手足无措。还有一次，部门组织酒水培训，并在两个星期后考试。我没有意思去记，去背，去熟读，导致后来考试不及格，被罚抄了 30 遍。这件事，更让我觉得没有充足的知识，工作就完成不了。如果想更好地去服务，去交流，就要进一步了解酒水知识，就应该主动去学习，去探讨。到了实习后期，我每天都会带上一部电子词典，不懂就查。有时间时看看酒店，让自己更熟悉点单等业务。知识是不断汲取的，让它一点一滴地积累在我脑子里吧！

三、人际方面

当初进入公寓，听说是和老员工一起住时，不是很愿意，担心自己不能和她们相处好，担心她们不喜欢我。刚住下时，几乎每天都不在宿舍待。面对 5 位老员工，既陌生又害怕。后来，不知从何时开始，我待在宿舍的时间越来越多，和她们在宿舍里有说有笑，生活上相互照应。她们很开朗，从不对我摆出老员工的架子，让我有家的感觉。在部门，我和同事们感情都很好，在她们眼里，我是个活泼开朗、落落大方的女生。每天一起工作，一起下班。累了会关心对方，照顾对方。在部门以外，我的性格促使我认识了更多的员工，有缘分结识为好朋友，感情非常要好。休假时，大家常常相约外出走走，无话不谈。闹别扭时，在设身处地为对方着想后，也和睦相处了。她们关心我，陪伴我，我很高兴认识她们。

| 实习的三点收获 |

　　以上三点大致概括了我在希尔顿的实习情况。很高兴,很幸运,我能够加入希尔顿这个大家庭里。在这里实习,在这里生活,能够学习到希尔顿的品牌服务标准,在实习期间就能真正地认识国际知名酒店的运作、经营,我认为是不可思议的。我想,通过这十个月的实习,打好了基础,我要为今后的工作定上一个更高的目标。加油!

一分辛苦一分收获

罗月梅　高星级饭店运营与管理 201004
实习单位：广州丹枫白露酒店

时光匆匆而过，不知不觉来到丹枫白露酒店实习已有 8 个月了，我们的实习时间很快就要结束了。

这 8 个月来我学会了很多，也成长了很多。随着时间的推移，平时坐在教室里听课的我，已慢慢成为一个劳动者。记得刚分部门的时候，我心里紧张又害怕。我会被分到哪个部门呢？但是不管分在哪个部门，我都不能愧疚和遗憾。我被分到前厅礼宾部当电梯小姐。

上班的第一天，兴奋又好奇。我终于可以为顾客服务了。上班时间我一直尊重、热爱我的工作，坚持勇敢地去面对工作中的每一天。在前厅部我每天的工作就是面带微笑，拉门、问候、站直、沟通这几个工作流程，偶尔我们也会帮行李员接电话。虽然我们的工作看起来很简单，但是要真正面对，还有些不知所措。特别是遇见外国客人时，除了打招呼和简单问好，下一句就不知从何说起，也不知道从何问起。和外国人的沟通成了我的难题，这让我从自己身上发现不足，那就是没有用心地好好学英语，然而我告诉我自己："一定要向他人学习。"

礼宾部是酒店的一个窗口，我们部门要提供很多服务，主要服务岗位分为三种：一是行李员，二是门童，三是电梯小姐。接信息，指路，购物，接电话，那是我们每天都要服务的内容。开始我不太了解工作内容，就利用休息的时间跑去酒店附近了解，拿着笔记本一项一项记下来，这样我的工作服务才样样到位，样样畅通。

前厅部要接触全国各地四面八方来的客人，是酒店的一个门面，所以礼宾部有着非常严格的要求，也让我养成了良好的工作习惯。在礼宾部，行李员是我们崇拜的学习榜样,是他们教会了我们怎样去服务客人。礼宾是我们的老大,也是酒店的一个典范人物,有时候他会抽时间来给我们培训新知识,使我们能用到工作中去,他是我们学习的好榜样,他的英语很好,在他的陪伴和鼓励下,我们有了很大的进步。

拉门和按电梯是我每天的工作,问好和面带微笑是我工作的快乐!开始不会服务客人,不会和客人聊天的我,现在已能流利地和客人聊天。当我向他们问好,得到他们的回应,我觉得我就像六月天喝下冰凉的水一样凉爽。慢慢地,这成了我工作中的快乐和收获!有句话说:追求自我价值,选择行业,首先要有做好工作的实践能力,才会有别人看重自己,机会是留给有所准备的人的。在工作的时间,我踏踏实实工作,为别人服务是我最开心的一件事!当我帮客人拉门、按电梯时,听到一声"谢谢"时,我觉得很开心、很幸福,这就是我工作价值的体现。我比以前进步多了,我要好好听从安排,做好本职工作。我很高兴有在前厅礼宾部的服务机会,我非常信任我自己,我会做得更好。

我现在想要做的是让我的工作走上新的台阶,我铭记着陈总监对我们说的那句话:"工作辛不辛苦,在于自己怎么样去看待。"我每天都把我的工作,当作是我在跑步,在喝水,所以我给自己带上了一面镜子,我在学习微笑,笑着面对我工作中的每一天。

我要面带微笑,因为我热爱我的工作。我要淡妆打扮,因为这是对自己、对别人的尊重。我要服饰整洁,因为我是公司形象代言人。我要态度亲切,因为我喜欢我的顾客。我要轻声细语,因为这是专业服务的体现。我会关心别人,因为我也要别人的关心。我会乐于助人,因为你身上有我学习的优点。我能洁身自爱,因为我要做让人信任的人。我能言行一致,因为这是成功的第一要素。我能播种快乐,在工作中享受快乐。

在这里我非常感谢一直陪伴在我们身边的程玉老师,是她给了我力量,给了我实习的勇气,替我们分担工作中的忧愁,使我们坚强地前进!程老师是我们最优秀的带队老师,在这些日子与我们度过难忘的每一天,与我们共同感受喜怒哀乐!我想对程玉老师说一声:老师您辛苦了,谢谢您一直陪伴我们。

我的花儿在实习中绽放

符琴霞　高星级饭店运营与管理 201008
实习单位：三亚万豪度假酒店

时间如流水般飞逝而过，无知的我从一个在校生走上实习岗位，踏上社会。有太多的舍不得，舍不得曾经是学生身份的自己，更舍不得从大人们的宠爱中离开。

我选择了三亚万豪酒店作为实习的目标，我相信我的选择，更相信自己可以安稳地度过这十个月。老师带我们来到三亚万豪酒店报到的第一天，心情无比的激动，充满期待。自己将实习十个月的地方会是怎样？会不会不如自己想象的那样？脑子里一直回旋着这些问题。总之，不管如何，自己还是来了。

刚来的两个星期在培训，第一个星期在宿舍接受培训，学习了一些关于宿舍与酒店部门的知识。来到这里就要遵守这里的规章制度，每个地方都有规定的纪律，严重触犯的人会被开除，所以就算出了学校也还是要严格要求自己。培训之后，我对万豪有了一些了解。万豪是一个品牌酒店，是一家国际五星级酒店，万豪分布在全国各地，也是很有名气的一个品牌。能在里面工作与学习想必可以学到很多。

我的实习岗位在总机，我们一共有三名同学一起进入这个部门，我们还是同班同学，真的很庆幸，以后也好相互照顾。总机属于前厅部，前厅部是一个很大的家庭，里面含了几个小部门，前台、礼宾等。我们部门像个温暖的家庭，都是女员工，每个人都很好相处。来到了总机要学的东西很多，因为我们是一个信息部门，所以对酒店的所有信息知识都要了如指掌，才能更好地为客人服务。这对我来说难度挺大的，我虽是英语专业的，但我的英语不是很好，在这个部门却是缺不了英语的，我的压力很大，只能一边实习一边学习了。总机部门除了接电话之外还有一份工作就是送东西，客人打电话到部门里要一些易耗品，我们就派同事送去客人房间，这样也就减少了客房部的一些工作量，效率也提高了，但我们的工作量却增加了。刚开始的时候我还不能接电话，就只能帮忙送东西，要学很多知识之后才可以接电话帮助客人解决问题。送东西不是一件困难的事情，却很折腾，忙起来的时候真的很累，一天下来要去几十个房间，跑来跑去，走的路累积起来也有好几公里，脚很酸疼。好在疲惫的时候有关心我的同事跟同学们，才让我一路走了过来，久而久之就习惯了。在这里真的可以学到很多知识，我们也会帮客人点房间送餐服务，这样我又学会了一些菜单的知识，也对西餐略有了解。

我接第一个电话的时候很紧张，之后就从外线开始接起，慢慢地熟悉起来，渐渐地成长了。还记得刚开始来到部门的时候自己的自卑与不安，看着老员工熟练的手法，听着她们流利的英语，我忍不住生出自卑，也给自己施加了压力，之后我努力向她们学习，在她们热情的教导下很快我发现了学习的技巧，也更加努力地学习。我们的在店客人大多是一些有名的过来开会的团队，还有一些来度假的家庭散客，他们都是花了很高的房费入住我们酒店的，所以我们必须为他们提供更好的服务。工作中我的服务意识慢慢提高了，无论是中国的还是外国的客人，我都会很热情地主动跟他们打招呼，我认为这是很有礼貌的一点，让客人有深刻的印象并感觉像在家里一样的温暖。

在这里我学会了很多，懂得了很多，也独立了，我不再是让父母担心的孩子，不再是那个每个月都向家里拿生活费的孩子，而是一个踏上社会的工作人。很感谢有这次的实习机会，这次的实习开启了我未来的第一步。

我的实习生涯即将结束，十个月，我们笑过，累过，却从没后悔过。千言万语说不清，这十个月的实习结束后，我们真的是要分道扬镳了，各自创造自己的未来。我知道这些都是人生中小小的一部分，它却似一阵细雨，浇灌着我这朵即将绽放的花儿。

信 念

洪潮健 休闲体育201015
实习单位：三亚万豪度假酒店

万事开头难。这句话确实没有错。写总结就是一个例子，总结虽说在学校也写了不少，但每次写总结难免擦擦涂涂，反反复复后才完成。实习也是一个例子，刚开始的时候什么都不懂，因为从来没有接触过。我所在的部门是康乐部，以前只听说康乐部是玩的部门，就冲这一点，当下决定选择康乐部。真正上岗后才知道，康乐部不只是玩的地方，它还有很多东西需要我去学习，去挖掘。康乐部大事情没有多少，要注意的小细节却一大堆，每天上班都要格外小心，细心，留心。细节决定成败，所以我们都不敢有所松弛。刚开始的时候有师父带着上班很轻松，什么解决不了的问题都有师父在，所以从没担心过，但不久之后是自己一个人上班，想偷懒都不行，因为有各个部门的老大走来走去，一个不小心就被逮个正着。最要命的是每天上班都是站着度过的，每天站8个小时，就算是在学校也没有站那么久过，很不习惯。每天一下班就觉得好累，整个人好像被抽空了一样，浑身乏力，一回到宿舍看到我那张亲爱的床就毫不犹豫地扑过去呼呼大睡起来，任谁叫都不想动一下。

工作后才知道英语真的很重要。万豪是一个外企集团，又是五星级酒店，接待的都是一些社会精英，其中俄罗斯和欧美客人居多，遇到外国顾客我们就傻眼了。虽是旅英班的学生，但我们在学校学的英语大多是关于餐饮方面的，跟康乐部没有多少关联。所以来这里后的第一件事就是把在康乐部常用的英语学会，这样才能更好地服务客人。把英语学好是很重要的，在万豪，所有经理级以上的管理者英语都是很棒的，而且懂英语在酒店升职也很快。最难的是为俄罗斯客人服务，俄罗斯客人很多，会讲英语的没有多少，我们也不懂俄语，所以为他们服务

| 信 念 |

时我们都使出浑身解数尽量让客人明白我想表达的是什么，肌体语言加上一半英语一半中文的解释，那样子想想都觉得好笑。

老师说的话是对的，前面三个月是非常辛苦的，但熬过三个月一切问题都会迎刃而解。确实，三个月之后的我的的确确比刚来时进步了很多，上班面对客人不再是硬挤笑容对客，而是看到客人后自然而然、发自内心地微笑面对他们。心态也没有先前那么消极了，之前总感觉上班是无聊、无趣、劳累的，也不想多讲话，但工作久了后我明白人际关系和亲和力真的很重要，和别人搞好关系后有什么难题别人也乐于帮助，无聊的时候别人也乐于开导。就这样，渐渐地，我上班不再有以前那种疲惫的消极的感觉，而是整天嘻嘻哈哈。开开心心地上班，精神抖擞地下班。回到宿舍也不再像以前那样一回到宿舍就扑到床上睡觉，而是和同宿舍的同学聊天、玩手机（同宿舍的都是实习生），偶尔休假的时候就和同学相约一起去市区采购。我觉得每个月最好笑的就是所有人都眼巴巴地等待着月底的到来，因为月底一到就可以发工资了。虽然工资不多，但那是自己辛辛苦苦得来的，花起来也比父母给的舒服。

实习工作的这段时间，我从无知懵懂到熟练掌握技能，期间生气无奈过，被刁难过，开心过，消极过，但就是没有哭过，也没有想过要放弃，就是靠着这样一个信念我坚持了下来。

工作需要热情

苏仁智　中餐烹饪与营养膳食 201021
实习单位：三亚市万豪度假酒店

我于 2011 年 7 月 25 日到 2012 年 5 月 25 日在三亚家化万豪度假酒店进行为期 10 个月的实习工作。主要从事西厨房的帮厨工作。

2011 年 8 月 1 日，上岗培训结束之后，我开始了我的厨房实习。

这次实习，除了对厨房业务有了一定了解，并且能进行基本操作外，我觉得自己在其他方面的收获也是挺大的。作为一名一直生活在单纯的中职校园的我，这次的毕业实习无疑成了我踏入社会的一个平台，为我今后踏入社会奠定了基础。

感谢酒店以及学校给我这个机会让我来到这个集体，在酒店为期 10 个月的实习是我走出校门踏入社会的第一步，这个阶段是我从学生步入职场的重要过渡，对我来说有很大帮助，为我将来走上工作岗位打下坚实的基础。这次实习，让我对自己的专业有了更为详尽而深刻的了解，也是对这两年在学校里所学知识的巩固与运用。从这次实习中，我体会到了实际的工作与书本上的知识是有一定距离的，并且需要进一步的再学习。我觉得工作后任何人都必须要坚守自己的职业道德并努力提高自己的职业素养，做一行就要懂这一行的行规。

实习的时间虽然只有短短的 10 个月，但是我感觉我的收获还是很大的。我要感谢厨房的所有师傅们，他们都是我的老师，当我在业务上遇到什么不懂的问题请教他们时，他们都会悉心帮我解答，使我大大提高了对厨房业务的熟悉程度，这对我的实习来说是十分重要的。我体会到，将我们在旅职校里所学的知识与更多的实践结合在一起，使一个中职生具备较强的处理实务的能力与比较系统的专业知识，这才是我们实习的真正目的。

| 工作需要热情 |

起初做餐饮没觉得有什么困难，但当进入实习中期，恰巧又到了酒店的黄金接待时间，就觉得坚持下来很难。工作上的辛苦与不开心，身体上的疲惫，压的人喘不过气，还好最后坚持了下来。在酒店实习的这10个月，发现酒店这个行业员工的流动性真是很大，越是到年终岁末的时候，辞职离开的人越是多。记得有一次和我们经理聊天的时候，他对我讲到了很多，做酒店这一行，并不是谁都能够做好的，最起码要保持责任感和热情。

我们的经理从事餐饮行业已经有十多年了，如果他没有对工作起码的热情，我想他不会坚持做得这么好。做酒店这一行，十几年如一日重复地在做服务，特别是每当节假日的时候，别人休息度假，我们冲在一线。如果不能对自己的职业报有高度的热情与责任，我想只会越做越次，最后放弃。

每天做着重复的劳动，工作劳累，还要面对客人的刁难、业绩的压力，想要保持高昂的斗志与亲切的笑容真的很难，特别作为领导者来讲，还要对整个团队进行激励。这种情况下，没有责任感和热情简直是无法想象的。我想责任感与热情是我这10个月来学到的最重要的东西，而不是以前的一种空话。

酒店在中国，已经从旅游业和服务业的一部分，变成宜居城市和生活方式的一部分。酒店是地标，是家的样板，是流动的办公室，是整过容的小社会，是迷你版上流圈，是生活方式博物馆，是消费的集大成者。酒店负责提供足够多元的服务和趣味，满足一个时代的欲望和想象力。

我想这一行业是一个充满想象力与热情的行业，应该坚持走下去，实践自己的想法。

最后感谢酒店给我这个实习的机会，让我的理论演变成实操。感谢带我的师傅，感谢教会我很多东西的领班。感谢那些给我难堪、对我冷漠的人，是你们让我成长。

吃得苦中苦，方为人上人

王　秋　高星级饭店运营与管理 201008
实习单位：三亚万豪度假酒店

不知不觉我们已经实习 6 个多月了，虽然一直都觉得时间过得很慢。在三亚万豪实习的这段时间，才明白什么叫作社会。而这仅仅只是我们见过的一小部分。出来接触了社会才发现，原来在学校的时候是那么的纯真，真的是应验了学长在学校时跟我们讲的话。当初我们还在校园时，羡慕他们已经出去实习了，可是他们却跟我们说：不要羡慕我们，出去了，你才会觉得还想再回学校去上课，很怀念在学校时的时光。是的，我现在终于体会到了。彻底搬出学校的那个时候，我并不觉得那是我们最后一次把行李搬离学校，我总感觉我们只是放个暑假或是寒假，假期结束了就回去了。可是当接到实习老师的通知，要到单位报到，我才真正醒悟，我们已经不能在学校上课了。

还记得面试的时候，练习了好久，准备得很充分，就怕面试不上自己所报的第一单位。我也不明白自己当初怎么就那么毅然决然地选择了三亚万豪，当初就一心想过来。我还记得当天，带队老师给我们敲了警钟，可是我们却不相信，不就是苦吗？还怕了不成？吃点苦算什么？可是在真正上岗的时候，我发现我错了，是我想得太天真了。我也不明白当初自己是怎么选的，学的是财会，居然跑到酒店来实习，我一直以来就想实习的时候尽量找和财会沾边的工作，可以积累工作经验，可是我却选择错了。但是，选择都选择了，还能怎么办？更让我无奈的是，我的岗位是客房的服务员。家人朋友问起，在哪个单位实习？是财务的工作吗？工资多少？统统都不是理想的。我也知道这只是实习，是让自己锻炼的机会，我虽然极其不喜欢实习的单位，但是，也没有后悔来这里。毕竟，来这里我确实学会了不少，起码我知道了外面的社会和学校差得太远了，来到这里以后，

吃得苦中苦，方为人上人

我才发现，人，还可以有那么多面，恐怖到你无法想象。

我们从淡季忙到旺季，马上就要从旺季又回到淡季，似乎每个酒店单位的实习点，就属客房的学生事情最多了。可是，确实真的很累，忙的时候要加班，很多时候我们都是一边做房，一边哭，觉得委屈的时候还不能跟家人讲，怕他们担心。刚来一个月的时候，打电话回家，哭着跟爸爸妈妈说不要在这里待了，想要回家，真的好累好累。父母听到这些话心里何尝不难受呢？从小在家就当成宝一样的疼着，没有接触过社会，更别说离开家那么远，那么久地干那么辛苦的工作了。有时候想想自己都觉得好心酸啊。可是尽管喊苦喊累的，我们还是坚持了下来。中途也不是没有想过放弃，我们学校一起过来49名同学，有多少走了，还剩下多少？我们都记得清清楚楚。每走一个，我们少不了说一句，我也多想和他们一样头也不回地走掉。但是，我们也仅是抱怨，说两句，却没有那些同学的勇气。说实话，我真的没勇气自动离职，放弃这里就意味着放弃毕业证，我过不了自己这一关。在校学习两年了，不是说放弃就放弃的，在学校时不辛苦吗？两年不都一样过了？如果说这十个月都熬不了，那自己以后干什么是能坚持的？所以当自己意志薄弱的时候，我就给自己打气，告诉自己，别人可以的我为什么不可以？别人可以做到，为什么我做不到？一直坚持着这个信念撑下去。越是辛苦，我就越是努力学好自己的专业知识，我不想安于现状。老师说过，累了，委屈了，要懂得调节自己的心态，只要心态好了，自然也就好了，就不会一直压抑着，不压抑，就不会一时冲动。所以，不管上班时多累，多不愉快，我只知道，下了班就不要想着上班的事。回到宿舍，洗个热水澡，把上班的疲劳与不开心统统洗涤掉，然后看看书，和同学聊聊今天上班遇到的开心事，遇到什么样的客人，或者是拿手机上网看看同学们最近的心情状态，看看讲幽默笑话的文章，到了十点多就睡觉。这样一天不就过去了吗？如果之前离职的同学也能够这么做，是不是他们就不会走了呢？

现在我不后悔，但是，如果可以重新选择，我不会选择这里。三亚万豪的客房部确实是一个锻炼人的好地方，但是太抠门了，经历了这次以后，我会告诉我的学弟学妹，哪里和哪里可以，我会告诉他们最真实的感受，让他们可以慎重地考虑，希望他们不要重蹈覆辙。因为我当初是没有经过深思熟虑就做了决定。在这里实习我见识了人的多面性、社会现实的一面。人们都说，我们现在还小，要趁着年轻多吃点苦。我觉得没错，我们确实还年轻，需要多增长见识，多认识社会的百态，多吃点苦，这对自己的以后真的有帮助。不管怎么样，坚持完这最后的三个多月，不要让自己的人生留下遗憾。以后我可以抬头挺胸地告诉别人，我没有半途而废，即使我的实习很辛苦，但是，我坚持下来了，我是吃过苦的。当以后自己面对一些困难时，可以激励自己，再苦都熬过来了，这点苦不算什么。

  不是有句话说得好吗？吃得苦中苦，方为人上人。何况，这只是人生中的一点点苦，如果连这一点点都畏惧，那以后还怎么走好人生路？以后的路，会有更多的坎，等着你一一去跨，所以，要相信自己可以。

我是特意选择客房的

王瑞宏　高星级饭店运营与管理 201008
实习单位：三亚万豪度假酒店

2011 年 7 月我开始了人生第一次独自一人的征程。

这次实习是我第一次踏入社会，不知道面对我的会是什么样的挑战，但我不会退缩。我还清楚地记得刚来三亚时的兴奋和激动，然后来到宿舍，宿舍都已经是分好的了，有四人一间的，也有六人一间的，我刚好分到四人一间的，不大也不小，整理宿舍时方便多了。接下来就是我们的培训行程安排，两个星期的培训很快就结束了，我基本掌握了酒店的基本概况和应知应会的内容，培训完后就回到自己面试成功的岗位上工作了。

我选择了客房部，因为这是让很多人有所顾忌的部门，工作很累，这样我更想试一下，我是否能吃苦。来到酒店工作后，以下几点就是我这大半年来的实习总结。

第一，初步收获。我是一个目标较明确、做事持之以恒的人。任何给过你机会成长的人或事物，你都应该感激他（它）。所以，我很感激学校和酒店给了我这次机会，为我搭建了展现技能与素养的一个平台。在几个同班同学选择餐饮的时候，我毅然选择了客房，当时很多人不理解，做客房很累，又孤独，而且尽是刷杯子、洗马桶、拖地板这些琐事。怎么能吃得消？的确，很多人不愿意去做客房，而对于我来说，这早已不稀奇，我把这一切当作自己学习的过程，当作实现自己梦想的一步棋。正所谓：三百六十行，行行出状元。在酒店里，只要你用心学好技能，在任何一个岗位都有实现理想的机会，也同样值得为自己喝彩。曾经在学校学过的理论知识就要真正运用到实际中去了，我相信，只要认真去对待，就会有意想不到的收获！做客房的确很累，但是做酒店这行业哪有不累的呢？每个岗位都会"累"，只有我们摆正心态，才能在岗位中做得开心，做得成功。做客房，很多时间都是单岗，所以，这刚好是一种锻炼。做客房让人学会忍耐，学会独立处理一些事情，应对一些突发情况。忍耐，不单是一种职业能力更是一种人生态度，忍耐叫人慢慢去等待，不要急功近利。当你每天都不停地做房，很累的时候，依然能坚持自己的信念，心平气和去做在别人看来根本不起眼的工作，这不是每个人都能做到的，这需要时间去磨炼。做客房让我得到锻炼与成长，并从中找到真正的快乐，我根本不需要自怨自艾。

第二，在客房学到了什么？我在客房部实习，学会了如何去打扫一间干干净净的房间。整个铺床过程包括甩单、铺床的每一步都有要求，床单要整齐地包在床垫上，套被子要把被子和被套的角相对应，用力甩几下即可；套枕套，要让枕头充满枕套。除了铺床之外，还有清理房间，包括擦尘、吸地、清理卫生间。每一次进入客人房间，都要先敲门，然后进行床上用品的整理；擦尘也是一项重要环节，每个角落都要擦到位，并且将物品放回原处；吸地就是吸房间地上的尘土、毛发，每个角落都要吸到，包括床底下。接下来就是卫生间的工作，要更换干净的毛巾，清理马桶及卫生间地面，最后补齐客用品。洗衣也是一项重要内容，每天早上10点开始查洗衣，客房服务员先问客人是否有洗的衣服，若有，请客人填好洗衣单，然后服务员签上自己的姓名和收洗衣的时间，将衣服收出后由工作人员收走。这些工作基本上是客房服务员的主要工作，当然还有每天的计划卫生，也不可忽略。其中铺床是在学校接触最多的实操之一。作为一名刚刚接触社会的实习生，我深知自己要学的东西还有很多，而即将踏入的工作岗位又有太多的陌生和神秘。在这种矛盾心理的促使下，我怀着信心和期待去迎接它。

第三，总结得到的经验。万事总是有开头，一步一个脚印是有必要的。我觉得，在客房学习的东西很多，如果一个人能够不介怀外界的说法放下成见，可以默默地从刷杯子、洗马桶等这些小事做起，这令人钦佩。再说，在酒店的岗位上，每个员工都是一样的，都是服务员，是顾客真诚的朋友。我认识了很多人，并虚心向他们学习，使自身的技能与服务意识得到进一步的提高。可我还年轻，我的酒店路还很长，需要付出更多的汗水与努力。而在这些努力与汗水当中，更希望能丰富自己的人生阅历与经验，活到老、学到老。我觉得，有时候付出是一种快乐。

飞出旅校窗，走进社会门

吴宗雨　旅游外语 201007
实习单位：三亚万豪度假酒店

实习的路途，既漫长，又简短。

脑海中依稀记得当时稚嫩的我是怎样跨进旅校门口。如今，却已是实习将结束的三年级学姐。回想起 3 年前，感觉好像还是昨天。在校两年的学习结束了，该是我们出来磨炼的最佳时间了。

2011 年 7 月 24 日，这个日子我永远记得，是我们怀抱着纯真的梦想来到实习岗位的日子。这天，我们 48 位同学拉着行李，向我们的实习点——三亚家化万豪度假酒店前进着。

在到宿舍之前，我感觉心里总有一块石头悬在心口，久久落不下来。在酒店的花名册中，我的名字在红灯区，岗位暂时待定。我的理想部门是西餐厅。没有明确的安排，这让我忐忑不安。无奈，我只能在"是否服从调剂"一栏填上了"是"。

入职培训之前，餐饮部总监对我们红灯区同学再一次进行了面试，说好了一起向西餐厅前进的同学都被划拨到西餐厅中去了，唯有我的名字迟迟不见。这个时候我知道，进西餐厅没戏了，就只求着不进客房。曾经想过，如果安排去客房，我宁可不要毕业证，但是后面冷静想想，读了两年，不就为了这么一个毕业证吗？就算不为毕业证，我也要为自己争口气，即使是客房，我也要坚持走完 10 个月。

2011 年 7 月 25 日，入职培训开始了。我们就像正常上课似的，周一至周五上课，周末休息。在培训的这两个星期中，别提我们的日子有多么的惬意了。但是，惬意之后我们就开始了真正的实习之旅。

| 飞出旅校窗，走进社会门 |

培训的第6天，我终于知道了我被分配的部门，是餐饮部所属的一个酒水部，以酒水为主，工作地点是在酒店后面的沙滩上。我惊呆了，我不懂酒水，如何胜任这个岗位？我本身皮肤不白，再在海边风吹日晒的，那还不成炭了啊？虽然不是理想的部门，但至少没有在不喜欢的部门，心里一横，顶多就是10个月。

在这6天里，我真的觉得我是在熬日子，等着时间一点一点过去，10个月实习结束后卷铺盖走人。但是，人，要么不相处，要么相处久了必定有感情。如今，实习到现在，7个手指已经掰下来了。算算，在部门的这200来个日子里，我真的学到了太多，也收敛了太多。

7个月的日子里，我们走过炎夏，走过寒冬，走过台风。唯独走不散的是我们12个人捆绑在一起的心。我记得那么一句话：一个人的力量是微不足道的，但是如果有千万个人的力量凝聚在一起，那将是无穷的力量。

最初，我什么都不懂，英语不好，无法与客人沟通聊天。不懂酒水，不能胜任站吧台出酒水的工作。我是新手，对于任何关于收银的知识一窍不通。只能在不忙的工作时间里，向老员工请教。一个月过去了，我终于可以一个人站在收银钱箱前应付自如。虽不能说英语提升了多少，但是至少客人点单还是能够应付。

三亚，是一个聚集各国人口的旅游胜地，以俄罗斯客人居多。在很多时候，我没办法听懂俄语，我只能求救于我们的主管或者经理。他们便前来替我们服务客人。可以说，在实习的这段日子里，我们的主管，在工作上，生活上，对我的照顾是无微不至的。工作上，我在开始着手收银工作的前3个月里，经常会出现一些错误。比如：账单订错、内卡结成外卡，找错零钱，这些错误都是可以避免的，我却还是粗心大意地犯错。主管并不责备我或者给我开罚单。她替我向财务部解释并保证没有下次。回来后让我们注意不要再犯同样的错误，并告诉我们这些错误如果不及时找出后果的严重性。我不是不懂，而是我的粗心大意导致后果的不如意。生活上，我和主管可以说是好朋友，我们的宿舍隔几个门，来往很方便。下了班，休了假，我总喜欢往她宿舍钻。两个人聊聊天，吵吵闹闹的，即使工作上有什么不开心的，在聊天中她就马上帮我解决。7个月里，身体难免会有不舒服的时候，她总会前来我的宿舍嘘寒问暖。她常常让我心生热血。我想，在

零距离的倾诉

实习阶段，能遇见一个如此好的主管，真的不枉此行。

眼看着7个月过去了，剩下还不到90天的日子。如果真的走了，我能割舍？其实不能。在这里服务实习的7个月里，我知道了什么是团队合作，知道了热情服务，知道了如何为客服务。懂得了如何做好一名收银员，懂得了如何调出一杯好喝的鸡尾酒，懂得了如何与外国客人用最基本的英语问好，询问客人酒水、菜肴的味道。

10个月中的7个月流逝了。这7个月里，有我流下的辛勤汗水，有我感动时流下的泪水。汗水与泪水，我已分不清，最重要的是记得这份感动是为谁，这些汗水是为什么。

如今我不是只能躲在鸟巢里的雏鹰，我可以展翅翱翔。我有一双翅膀。旅职校，这双让我翱翔的翅膀，给予者正是你。

实习不能用一个"累"字来总结

邢益健　导游服务201015
实习单位：文昌鲁源旅行社

当我第一次离开文昌来到这个陌生的地方时，有期待有兴奋还有莫名的害怕。以前总会充满好奇心地问在外面打工的亲戚朋友：外面好不好？他们的回答总是：好啊！很好！要什么有什么！我总是似懂非懂的，现在才觉得他们给我的答案是那么的笼统，那么的抽象。现在我找到了我想要的答案了。

不用说，在外面累，实习很累。累，是当然的，不然生活里怎么会有"苦"的味道。实习很累吗？我有的时候会问自己，其实不是实习累不累，应该说在外面做事累不累。我们一直生活在父母的庇护之中，不知苦为何物，打电话回家，小弟问我，在外面好吗？我只能含糊地告诉他，还好了。该要怎么说呢？说累吗？说苦吗？路是自己选的就得坚持走下去。现在我们都不会说我们长大了，可以做很多很多事了，而是很想像个小孩子似的在父母面前撒娇，没有任何压力，没有任何负担，可是现实是：我们长大了，真的长大了。

在实习的过程中，想过退缩想过放弃，但是一想，工作固然是累的，但是我们实习的那么多的同学都可以坚持下来，我又有什么资格说放弃。为了让自己有信心，我告诉自己坚持就是胜利。一路上磕磕绊绊，实习也快接近尾声了，却突然发现自己都不想回去了。是啊，这里有什么不好呢？在工作中，我们做得不理想，但领导没有指责我们，而是用宽容去体谅我们，去帮助我们更好地提升自己的学习能力。在生活上，老师就像我们的父母，无微不至地照顾我们，让我们在这个陌生的城市也感受到父母般的爱，感谢他们，是他们让我们有了奋斗的动力，有了希望。关于实习想说得很多，我总结下来主要有以下几点：

零距离的倾诉

一、严格遵守公司的规章制度

在学校里学习生活，虽然有一些校园纪律在约束自己的行为，但相对于在公司里工作，还是非常懒散和不受控制的。因为校园纪律大都是警告性质的，不会对自己的发展有多大的影响。在公司里工作，方方面面都有详细的规章制度，这些制度就像高压电线一样，如果触碰它们，就会受到惩罚，这些影响可能会对你以后的发展带来很坏的影响。同时，要成为一个非常职业、非常有素质的职业者，必须积极地去面对自己的工作，认真刻苦地把工作做好，想尽一切办法把自己的工作做得完美。而作为一个职业者，认真负责、积极进取的态度会是自己发奋工作的原动力。所以，要成功地进行实习，必须首先树立认真负责、刻苦、积极进取的职业操守，像一个真正的职业者一样要求自己。

二、多听、多看、多想、多做、少说

我们到公司工作以后，要知道自己能否胜任这份工作，关键是看自己对待工作的态度。态度对了，即使是自己以前没学过的知识，也可以在工作中逐渐掌握；态度不好，就算自己有知识基础也不会把工作做好。我刚到这个岗位工作，根本不清楚该做些什么，并且这和我在学校读的专业没有必然的联系，刚开始我觉得很头痛，可经过工作过程中多看别人怎样做，多听别人怎样说，多想自己应该怎样做，然后自己亲自动手去多做，终于在短短几天里就对工作有了一个较系统的认识，慢慢地自己也可以完成相关的工作了。所以，我们今后不管干什么都要端正自己的态度，这样才能把事情做好。

三、少埋怨

有的人会觉得公司这里不好那里不好，同事不好相处，工作也不如愿，经常埋怨，这样只会影响自己的工作情绪，不但做不好工作，还增加了自己的压力。所以，我们应该少埋怨，要看到公司好的一面，对存在的问题应该想办法去解决而不是去埋怨，这样才能保持工作的激情。

四、虚心学习

在这次的实习过程中，我们碰到很多问题，有的是我们懂得的，也有很多是我们不懂的，不懂的东西我们要虚心向同事或领导请教，当别人教我们知识的时候，我们也应该虚心地接受，不要认为自己懂得一点鸡毛蒜皮就飘飘然。

五、错不可怕，就怕一错再错

每一个人都有犯错的时候，工作中第一次做错了不要紧，公司领导会纠正并原谅你，但下次你还在同一个问题上犯错误，那你就享受不到第一次犯错时的待遇了。

以上是我的实习工作总结，经过这次实习，我从中学到了很多课本上没有的东西，在就业心态上我也有了很大改变。以前我总想找一份适合自己、专业对口的工作，可现在我知道找工作很难，要专业对口更难，很多东西我们初到社会才接触。所以我现在不能再像以前那样等待更好机会的到来，要建立起先就业再择业的就业观。应尽快丢掉对学校的依赖心理，学会在社会上独立，敢于参与社会竞争，敢于承受社会压力，使自己能够在社会上快速成长。还应该时常保持一颗好学、爱思考的心。作为一位中职生，最重要的就是自己学习和思考的能力。在企业这样一个新环境中，有很多值得我们学习、思考的地方。比如在技术方面，要刻苦地弥补自己的不足，认真地对待工作，时时刻刻地思考并丰富自己的社会知识和管理文化知识。这样，才能为自己日后的职业生涯打下良好的基础。

绝不当逃兵

张琼丹　高星级饭店运营与管理 201006
实习单位：三亚万豪度假酒店

　　回想起在学校面试的情景，历历在目，但现在实习即将结束，只能说时间过得很快，一不留神，它已悄悄地从身边走过了。

　　记得要来三亚的那天早上，匆忙打包好行李，坐上远离海口即将开往实习地的列车，很开心又很难过，那种感觉真的很难受，唉！既然已经做出了选择，就没有什么后悔可言的了。一个多小时后，我们到达了亚龙湾站，一出站就有万豪酒店的车来接我们，这一路上我们很开心，说说笑笑自然什么事情都忘记了。

　　在宿舍上了三天的课，都是各部门的经理来培训、介绍酒店，在宿舍一个星期后，终于可以去酒店了。在酒店培训的日子我们都很喜欢，休息的时候有吃有喝的，培训一个星期后就到部门报到上班，在部门继续培训一个星期。刚开始培训的时候东奔西跑的好累，不过还是每天都在安慰自己：明天又是新的一天，笑一笑没什么事情过不了的，坚持就是胜利。

　　面试的时候人力资源部的经理说分我到餐饮部，但我来到万豪后去的却是客房部，感觉很不好。

　　经理很照顾我们，我们在工作上有什么事情就跟她说，她给我的感觉很温馨，就像妈妈一样疼着我们。副管家也很照顾我们。刚开始自己独立做房时，每天做 5 间房。我们的速度有点慢，经理给我们一段适应的时间再加工作量。跟正式员工相比，我们算是幸福的了，正式员工隔三岔五地就得加工作量，一个月内就要加满到 11 间房；而我们第 3 个月时才加到 7 间，4 个月后才满 11 间。

　　在工作岗位上很累，不过也很开心。部门有时候会组织一些活动，酒店每年都会举办感恩周，在那天我们跟同事都玩得很开心，经理还拍了一些照片传给了美国华盛顿总部。我们酒店是全球连锁酒店，总部在美国，客人写表扬信给酒店的同事，都会经过人力资源部的英语翻译将邮件传到总部，总部会给获得表扬的那位同事发一个奖状，现在我们都在争取。

在实习期间，有些同学受不了工作上的辛苦和累，在途中就放弃了，老师很怕我们都坚持不完这十个月。每当有同学放弃时，部门的经理都会问："你们怎么样了？工作还好吗？"老师是最紧张的那个，开会问我们在工作岗位上工作得怎么样。其实，我觉得老师是最辛苦的那一个，忙完学校的事情还得要管我们3个实习岗位上的学生，都瘦了一大圈，看着老师跑来跑去，心里还是蛮心疼的。

每当跟部门的经理一起吃饭时，她们都会问我实习完后有什么打算。我不知道该怎么回答，因为我还处于徘徊当中，如果要想事业，就必须放弃掉一些东西，而贪心的我又不想放弃。说实话，酒店行业三亚是最好发展的，但我在这边交的朋友很少，又想回海口。在这两个城市之间肯定要做出决定。在万豪，部门的经理很看好我。但我现在还不想那么早做决定，走或留，实习完后再说吧！努力、努力、努力！加油，相信自己一定能坚持到最后。

其实，同学王秋说得很对，如果我能在客房部实习完，去什么部门都可以的，因为在酒店里客房这个部门是最辛苦的一个部门。想想自己在万豪的这段时间，酸甜苦辣、欢声笑语的日子也不少了，开心过，哭泣过，也想过要放弃，但为了自己的那个目标绝不当逃兵，我很感谢高星级饭店运营与管理专业09班班主任程玉老师和高星级饭店运营与管理专业04班班主任谢蕾老师，在学校这两年让你们操心了。在这十个月里，我很感谢麦老师的陪伴和鼓励，因为老师的支持和鼓励让我的信念更坚定，在这里我要跟你们说一声："你们辛苦了，谢谢你们。"

努力走好每一步

钟冬玉　高星级饭店运营与管理201007
实习单位：三亚万豪度假酒店

转眼间，我们的实习旅途即将结束。有些同学在感慨时间如流水般飞逝，有些同学则感叹时间如蜗牛般慢慢才爬到尽头，而我想说；"努力进取，走好人生的每一步，是我对实习最终的诠释。"

来回奔波的主旋律不断围绕着我们的工作与生活。

从一无所知、茫然无措，到了解熟悉，到最后的从容坦然，这一路走来我们遇到了很多的关卡，攻破了一路的难题。我成长了很多，进步了很多，工作的忙碌和生活的知足常乐使我很轻松愉快地度过了实习。

记得刚来的时候，无知与茫然的微笑总是无意间在我脸上浮现出来。第一次上早班被人骂傻笨愚钝，工作的时候总是不断发现自身的缺点，总是发觉其他人身上有的恰恰是我所没有的，比如说，我反应迟钝、理解能力慢，特别是工作的速度有待加强等。所以刚开始那段时间心情很低落，幸运的是我把我的烦恼向我们经理倾诉一番之后，他的一番话语激励了我，那就是："如果连自己都觉得自己笨拙，那你就是一个真正的失败者，如果连责骂都承受不起，那就不要接触社会，任何改变只基于你的奋发向上。"他的一席话让我彻底觉悟，无形当中别人对我的错误指责我会欣然接受。记得一位哲人说过："一个健全的心态比一百种智慧更有力量。"所以每天用努力进取的心态去迎接充满挑战的工作是很重要的。久而久之，我慢慢地跟上了别人的步伐，反应能力以及口头表达能力也有所提高。这一切，都要感谢那些曾经激励或打击过我的人，是他们让我从无知到了解，是他们让我慢慢地成长进步，是他们让我的汗水、泪水没有白流，也是他们的话语让我有如此大的进步。

实习期间是不允许回家过年的,这也是让我最难过的事,虽然已有四年没有在家过年,但是以前都很坚强地在外面打工挣学费,今年是我最想家的一年,最想念家却又平淡地度过了新年。在外面工作我体会到挣钱不容易,正所谓花钱容易挣钱难。想家的时候一通关心的电话都会让我眼泪不自觉地往下掉。反过来想一想,在外面过年也是一种锻炼与成长,何乐而不为呢?

最后,在即将告别实习岗位的时候,我们又到了在十字路口面临选择的时候了,而此刻我的思想还在徘徊。很多时候心中曾问自己,人生之路该何去何从?该如何去走才是正确的?有一点,我敢肯定,在这7个月里,我学会了很多在学校里学不到的知识,虽然这份工作让我感觉很累,但是收获却是我十八年生命中最丰盛的一次。实习的十个月之旅,还有将近3个月就要结束了,在这3个月里,我会继续努力将自己还不完善的地方继续加以完善,珍惜最后这3个月的实习期。

十分感谢学校以及三亚万豪度假酒店给予我实习的机会,让我有如此大的收获。人生的路那么漫长,当你遇到困难的时候,请想想你曾奋斗过的日子。只要坚持不放弃,雨后的彩虹终将呈现在你的眼前。加油!为自己创造一片属于自己的天空吧!

精彩明光

黎　虹　航空服务 201101
实习单位：海口明光海航大酒店

漫步在悠悠长路上，还没来得及欣赏沿路上的风景，猛然回头发现 10 个月的实习就要结束了。很开心，可以和同伴在这里一起努力、一起克服种种困难、一起相互鼓励、跌跌撞撞。终于，我们顺利携手站在了胜利的站点上。

这是一段令人难忘的日子，有欣喜，有悲愤，有泪水，有苦涩。这 10 个月的时间是短暂的，但过程却是漫长的。下面我汇报一下在实习中我的所获所感。

经过两年多的学习积累，终于在 2011 年，我开始了人生中一个新的历程——实习。我选择了酒店前台接待作为我的实习岗位。

刚到酒店的时候，挺高兴的，毕竟是第一次真正踏入社会工作，对什么都觉得新鲜和好奇，可当正式上岗的时候，才发现，这份工作很辛劳，但是也让人获益颇多。

前台作为酒店的门面，是最先对客人产生影响、提供服务的部门。一家酒店的效率以及利润的创造，基本上都是从这里开始的。

前台的工作主要分为接待、客房销售、入住登记、退房及费用结算。工作班次分为早班、中班和通宵班三个班。前台接待看似是很简单的工作，事实上，这项工作的程序复杂，内容繁多，其中需要学习的东西有很多，新员工要经过一个月的严格培训才能正式上岗。由于我们酒店是 24 小时入住制，因此又增加了工作的难度，正是因为这样极容易导致少收半天或一天的房费。在工作中难免会有犯错的时候。不得不说，耐心和细心是每个员工都必须具备的，否则一个不小心就会出错。我们酒店规模很大，客房总数量为 700 多间，有时候真忙不过来，一些客人一刻都不愿等，不时嚷嚷怎么那么慢、要赶飞机啊什么的。这些都还没什么，最可怕的是值夜班，楼上有夜总会，楼下有酒吧，来的大多数都是醉醺醺的客人，他们经常无理取闹，但我们不能跟客人争辩，还要不断地向客人致歉。这时候最重要的是保护好自己的人身安全，所以做前台的也必须要学会自我保护。"顾客就是上帝""客人永远是对的"是酒店行业的经营格言，而我已经深深地体会到了。

现在我对社会有了新的认知和领悟，只有在现实中经历过，才会明白这个社会是如此的复杂，远没有我们想象的那么美好。在学校里，我们只是一张白纸，在这里，我能够感受到社会上人情事理的复杂，我在一点点地积累社会经验，学习处世之道，了解人际关系的复杂，这是整个实习过程中最宝贵的一部分。

经过10个月的实习，我越来越觉得自己在知识方面很匮乏，一直以来自己都是以理论知识为主要学习内容，可是步入社会我们用到的更多是综合知识，这要靠我们在日常生活中利用空闲时间学习和积累。虽然自己即将面临毕业，可是学习是一辈子的，在工作和生活中发现自己的欠缺就要立即运用自己的学习力，将其填充上，只有这样自己才能不断地完善和被完善。人际关系方面，学校里同学之间的感情是真挚的，没有太大的利益关系，可是进入社会，你所说的每一句话，做的每一件事都需要再三考虑。当然，时刻以诚待人，大家也会以诚待你。努力做好自己，做好自己能做的事，不给别人添麻烦，精彩地过好自己的每一天。

我的未来不是梦

陈轩如　航空服务201101
实习单位：海口宝华大酒店

　　时间就像手心中的水，不论你是张开手还是握紧手，水都会从指缝间一点一点地流走。

　　不知不觉中时间已经悄然从我身边流走，我的实习生涯也慢慢接近尾声。在这十个月中我学到了很多，也明白了很多的道理。有失落，有难过，有开心，心情就像画家手中的调色盘一样五颜六色，多姿多彩。

　　在宝华酒店实习是我第一份正式的工作，在这短短十个月中我学会了很多的东西，在生活和学习上收获了很多的知识和道理。十个月以来，从刚出学校的懵懂和天真到经历生活中的挫折和失败，现在的我已不是当初那个什么都不懂的小丫头了，遇到困难我也能冷静地去面对。在这个过程中我明白了一个道理：人生不可能一帆风顺，只有自己勇敢地面对每一次挫折和失败，才能通往成功的彼岸。在这十个月中我迷茫过，有时候时间从自己身边一点一点地溜走，我却没有很好地把握住时间。自己身上总是存在许多的不足和缺陷。我知道这是上天给我的考验，让我知道自己的不足。在挫折面前我应该勇敢地去面对，而不是想着怎样去逃避。结果并不是唯一的答案，在这过程中我学会了什么，懂得了什么，这才是最重要的。在每一次的挫折后我都能更好地提升自己，提高自己的综合水平。在这人才济济的社会，我虽然只是其中平平凡凡的一员。但是我会通过自己的努力不断提高自己。不管遇到什么困难，我都不会轻言放弃，就算跌倒也要爬到终点。

　　实习是我人生中的一次角色转换，从学生转换成一个社会人。刚开始有一点不习惯和不适应，但是我很快就适应了这个环境。在学校老师总是告诉我们，是我们去适应环境而不是环境去适应我们，适者生存。

以前在学校时，总是满怀期待地想象自己去实习的情景。自己去赚钱，自己去生活，不用在父母的保护下生活，可以自己在这个广阔的天空自由地翱翔，不再有束缚，每当想到这里就会有点兴奋。可当我真正步入到社会才知道，原来在学校的日子才是最美好的。大家每天都聚在一块学习，生活无忧无虑，不用考虑那么多，也不会有那么多的压力。如今大家各奔东西，很难再相聚在一起聊天、吃饭、学习了，但是我相信大家还有相聚的一天，到时候大家可能都是各个领域中的佼佼者。所以我也会去努力奋斗。

我在宝华的行政楼层实习，和餐厅的同学相比较为轻松，可虽然轻松，要学习的东西却还是很多，比如学习办理入住、退房、打字、扫描等，很多东西以前在学校没有接触过。有句话说得好，麻雀虽小五脏俱全。由于酒店装修的缘故，我又去了前台实习了1个月。去了前台才发现自己很多东西都不会，也很清楚地知道自己和别人的差距。在前台每天都要面对各色各样的客人，忙的时候那叫一个头两个大；时常会遇到一些外国客人，才知道自己掌握的英语是那么的少。所以在空余时间我会多学习一点知识给自己充电。

由于在工作中我要接触形形色色的人，所以在交际方面的能力有了一些提高。不同的人要用不同的方式去对待。作为服务行业的一员，凡事应以从顾客的角度考虑为前提，当然也有受委屈的时候，有时候就算是客人的不是，也不能直接说不。这时候应该学会换位思考。其实不管是不是在服务行业，换位思考都是很重要的，很多时候多站在别人的角度上去想问题，就不会有那么多的冲突和误解，人与人之间也就不会有那么多猜疑和芥蒂。

实习的十个月时间说长不长，说短也不短。我从中学习到了很多在学校没有学习过的知识，对生活又有了另一种理解，深刻地认识到了自己与别人的差距。以前的自己就像井底之蛙，出来后才发现原来外面的世界是如此的广阔，自己懂的东西是如此的微乎其微。所以我会努力地去学习，把自己和其他人之间的距离缩短！

零距离的倾诉

未来等着我去探索,去实践。未来虽说仍像一个遥不可及的梦,但是我相信我的未来不是梦,我会努力地工作、学习、探索,踏踏实实地过好每一天。机会会留给做好准备的人,我要随时随地做好准备,把握每一次机会。我相信,我的明天会更好!

认真学习，勤恳做事

梁亚敏　高星级饭店运营与管理 201102
实习单位：海口明光海航大酒店

我有幸进入明光海航大酒店，进行我为期十个月的专业实习。我顺利通过了酒店人事部门的面试，被分配到西餐厅工作。带着一份兴奋而紧张的心情，我走进了明光海航大酒店，开始了我的实习。实习的 10 个多月里，我感受颇多，受益匪浅。

明光海航大酒店的西餐厅叫"悦庭咖啡厅"，餐厅的环境布置得很舒适，是一个典型的西式餐厅，餐厅全场非吸烟区。餐厅墙壁装饰着一些具有西方艺术风格的工艺品或壁画，这样可以更加吸引客人，让遥远的异乡客人有一种亲切的感觉。

西餐厅和中餐厅截然不同，西餐厅的每一道菜都有专用的餐具，比如说，吃牛扒要配牛扒刀跟主叉，喝汤要配西式汤勺，吃鱼要用鱼刀鱼叉，上菜还要配料。早上是最忙的时候，因为早上开放自助餐，忙的时候忙过 1 千人的早餐。其实相比中餐厅，在西餐厅的我们算是幸运的了。

随着生活方式的改变和社会交往的活跃，我国吃西餐的人越来越多。在组织的各种涉外活动中，为适应国外客人的饮食习惯，大都要用西餐来招待客人。西餐厅一般比较宽敞，环境幽雅，吃西餐又便于交谈，因此，在公共关系宴请中，西餐是一种比较受欢迎又方便可取的招待形式。西餐历史源远流长，十分注重礼仪，讲究规矩，所以，了解一些西餐方面的知识是十分重要的。在这里，我第一次接触社会的实践生活，体验到生活的艰辛和不易，总体来说还是有不少的收获和所得。从一个对西餐行业无所了解的少女变成一个既具有西餐知识、又懂得西方礼仪和社会交往礼仪的青年，实习的收获是我不能用语言一一描述的，总得来说有酸有甜、有苦有乐。苦的是要记住几十种西餐食品的特点与制作方法，还得分清它们的消费对象，还要参加各种关于西方礼仪的培训。快乐的是和同事领导和睦相处，有风趣幽默的老板，是顾客对自己付出服务的肯定与赞赏。其实实习的日子不是很长，回想实习初期，自己不怎么熟练地在西餐厅铺台布、摆刀叉，给客人介绍菜单，种种场景就像发生在昨天，是那么的叫人印象深刻。而现在，我对西餐有了比较深刻的认识，懂得了西餐礼仪是特别重要的。实习期间最刻骨铭心的是尊品员工竭尽全力为客人提供"温馨细微，物有所值"的服务，以及典雅淳美的美国西部音乐，韵味悠长的咖啡，闻名遐迩的菲力牛排。都说服务是餐厅的形象之本，是西餐厅的竞争之道，服务魅力究竟表现在哪儿呢？那就是一张张诚挚动人的笑脸，一声声悦耳动听的话语，一次次全身心投入的服务，以及由这些凝结成的一次次令人回味无穷的优质服务。在这实习的十个多月期间我学到的东西可不少，感触也颇多，若要为客人提供优质的服务，就要充分读懂客人的心，充分理解客人的需求，在日常工作岗位上为客人提供人性化和艺术化的服务，高层次地满足客人的需求，让客人愉悦，有频频光顾的欲望。服务是个即时的工作，过去了就不会再来，所以要在当下满足客人的多方面要求，把服务的质量提高。

  俗话说，只学不实践，那么所学的就等于零。实践，就是把我们在学校所学的理论知识，运用到客观实际中去，使自己所学的理论知识有用武之地，也可为以后找工作打下基础。通过这段时间的实习，我学到一些在学校里学不到的东西。因为环境的不同，接触的人与事不同，从中所学的东西自然就不一样了。要学会从实践中学习，在学习中实践。

  在餐厅里，我的工作是餐厅服务员，每天工作9个小时。虽然工作时间长了点，但热情而年轻的我并没有感觉到累，我觉得这是一种激励，让我明白人生，感悟生活，接触社会，了解未来。在餐厅里虽然我是以服务客人、传菜为主，但我还不时要做一些工作以外的事情，有时要做一些清洁的工作。在学校里也许会有老师分配说今天做些什么，明天做些什么，但在这里，不一定有人会告诉你这些，你必须自觉地去做，而且要尽自己的努力做到最好。在学校，只有学习的氛围,毕竟学校是学习的场所,每一个学生都在为取得更好的成绩而努力。而这里是工作的场所,每个人都会为了获得更多的报酬而努力,无论是学习还是工作,都存在着竞争,在竞争中就要不断学习别人优秀的地方,也要不断学习别人怎样做人,以提高自己的能力。记得老师曾经说过学校是一个小社会,但我总觉得校园里总少不了那份纯真,那份真诚;而走进企业,要接触各种各样的客户、同事、上司等,人际关系复杂,但我得去面对我从未面对过的一切。

实习的时间很短暂,回想这段日子,我失落过,认真过,高兴过,现在我很珍惜这段日子。马上就要回学校了,还有很多事情等着我去做,现在最重要的是对这段实习做个总结,这也是对自己实习的鉴定。

半年多的实习生活中,我学会了很多,也懂得了很多。半年多来,天真的我经历了生活中的挫折和失败,现在变得稳重和冷静,我明白了一个道理:人生不可能一帆风顺,只有自己勇敢地面对人生中的每一个挫折和失败,才能够通往自己的罗马大道。在这半年多里,我曾经失落过,烦恼过,悲伤过,有时候觉得是自己放手让时间从自己手里无情地流走,但我知道这是对自己的考验,所以在每次失落的时候我都会反省,告诉自己要清楚自己应该做的是什么,在挫折面前应该善于用扬长避短的方法来激励自己,促使自己提高综合水平能力。在学习方面,虽然我普通平凡,但是我会努力提高,做到更好,不管遇到什么困扰,我都不会跌倒,我会不懈努力。

在西餐厅实习的这十个多月,在工作岗位上勤勤恳恳付出的是汗水,收获的是智慧和技巧,更多的是自我超越。因此,自己变得成熟了,少了一份脆弱,多了一份坚强,忘了如何去依靠,想的是如何去学习让自己独立自强。没有了父亲和母亲亦步亦趋的关怀,没有了老师和同学的指点,自己的一切事物都得要自己亲自去解决,增强了自己的自信心,这次实习让我深深地体会到:没有自己办不成的事,只有自己不去做。认认真真地学习,勤勤恳恳地做事,这就是生活,是真正的生活!

付出就会有回报

崔 蕊 高星级饭店运营与管理 201103
实习单位：海口宝华海景大酒店

在宝华海景大酒店实习历时十个月。9月，我踏进宝华，次年6月30日，我走出宝华。最大的收获是明白了："一分耕耘，一分收获；一分付出，一分回报。"太多的流水账不值得我逐一叙述，只想把我在这半年多的时间里学习到的值得大家学习借鉴的东西分享给大家。

酒店的实习工作让我受益匪浅。

首先，我学会了接受。我需要懂的很少，只要知道客人对我的服务是否满意就可以了。客人有时候给你一个浅浅的微笑；有时候给你一个简单的点头；有时候给你一声轻轻的"谢谢"。这些我都懂，他们都还满意我的服务。然而有的时候客人会说："你怎么搞的，小心点啊！"有的时候会和他们的客人低声地议论酒店的服务员"怎么四星级的服务员这样的"；有的时候客人会抱怨"来你们这里吃饭还不如去街边的小摊点"；有的客人的表情也能让你知道，你的服务不怎么样，客人不满意！客人的满意与否就代表了我们自己上班的价值是否体现。同事之间也难免出现类似的情况，最直白的就是他是否愿意和你一起搭档服务，也就是说，同事和你工作的时候是不是感觉到轻松。当然也不是要你把所有的事情都包在自己身上，可能这个只有亲身体会过的人才知道吧。

其次，我学会了"逃避"。在工作的时候"逃避"不是要你逃避重活累活；不是要你逃避面对客人；不是要你逃避上级领导审核；更不是要你逃避真实的自己。我在工作的时候选择逃避，是以自己最好的状态面对自己的服务对象，从而"逃避"他们的指责；以熟练的服务方式来服务自己的服务对象，从而"逃避"他们的不满或投诉；以分内的勤劳面对自己的工作，从而"逃避"同事的排斥；

以踏实的工作态度对待自己的工作，从而"逃避"上级领导的批评；以实事求是的人生态度来面对自己，从而"逃避"内心的愧疚。我相信像这样逃避的人社会也能接受。

再次，我学会了忘记。人的一生会经历许许多多的事情，我们全部都记录在脑海里的话，我们得长一个多大的脑袋呀！工作的时候不可能每一个服务对象都让你乐意为他们服务，不用说也知道，有些服务对象是那种素质不怎么高，性格脾气不怎么好，享受要求不怎么少，正当理由不是那么多的人。他们会让你感觉到压力，来自自尊、生活、等级……你可能会很不安、伤心、自卑、无奈、愤怒、难过等，躲避他们不是很好的方法，因为你还在上班必须得把你服务的"戏"演到剧终。那就暂时不开心一下吧，事后我们好好地想想那些让你不开心的人，他们教会了你什么东西？让我们选择性地去忘记吧。让这些不值得记忆的东西远离自己的大脑，我们的大脑是拿来装载快乐和开心的。当我们日后回想曾经的时候就会有一种幸福的微笑挂在自己的脸上。无论我们怎样地不开心不高兴，时间依然在走。开心是一天，不开心也是一天。

最后，我学会了放弃。当然我放弃的不是自己的权利，不是自己的名利，不是自己的良心。我放弃了潇洒奔放的时间，放弃了无聊的上网时间，放弃了在别人身上生气的时间，放弃了为一毛钱和别人吵闹的时间，放弃了……生活在这个社会里面，我们有太多的事情要做，不要因为别人浪费自己太多的时间。我们要学会充分合理地利用自己的生命！放弃那些虚化的东西，社会就是现实。只有实实在在做人才会对得起自己，我们有的时候不用太在意别人眼中的自己，走自己的路让别人说去吧。我们的放弃只为了得到。

实习的目的达到了：实习让我们初步了解了社会，学会了在酒店工作的相关技能。我学会了中餐宴会摆台，看台，收台，还有会议的摆台及服务。我还熟悉了各个餐厅的知识和用餐服务及标准。我知道了在学校学到和在实际中做到有很大的区别，我相信今后的我，一定会做得更好学得更多。

只要付出就会有回报

蒙丽霞　高星级饭店运营与管理 201104
实习单位：海口明光海航大酒店

　　实习的时间快而短暂，不知不觉中十个月的时间就过去了。回想这段日子，我真的失落过，也认真过，高兴过，而现在，我很珍惜这段经验。

　　在实习前，我选择了面试明光海航大酒店，当时很幸运地被录用了。这是我人生的一个转折点，一个新的开始。是我踏入社会的第一步。我知道，这是我人生中的一大挑战，是角色的转换。

　　刚来酒店的第一天，酒店的人员带我们参观酒店的各个楼层，还给我们三天的培训时间，培训的目的是让我们了解酒店的各方面概况，更加了解酒店。起初我们这批来到酒店的实习生被分到客房和餐饮两个部门，我被分到了中餐厅这个部门。刚开始最头疼的就是背台号，100多张桌子，弄得人眼花缭乱，这边的老员工说，刚开始谁都是这样的，慢慢地就会熟悉。餐厅主要是早茶时间比较忙，最忙的就是周末了，忙得让你晕头转向。在这里我学会了很多的东西，怎样使用服务用语，知道一些常来客人的喜好和习惯，如何帮客人点菜，给客人介绍菜色……我觉得最快乐的事情就是用心去服务客人，受到客人的认可和夸奖。觉得付出的没有白费。除了平时接待一些散客用餐以外，餐厅有时还会接到婚宴和会议用餐这两种大型的用餐。两种大型的用餐中我比较喜欢婚宴，在实习的10个月时间里，我参与了许许多多大小的婚宴，看见一对对新人在这里许下他们爱的誓言和承诺，见证他们一辈子最期待最幸福的时刻。会议用餐与婚宴用餐比起来就可能比较乏味了，主要都是庆祝公司的成果和奖励员工。在这10个月里，最忙的时候就是元旦和春节，那期间，早茶都是爆满的状态，就连平常晚餐不忙的时间客人也渐渐变多，在这段时间里，我们休假的时间就会越少，几乎每天都在加班，总结出了一句感慨：都不知道休假是什么感觉了。虽然工作中有苦的时候，但也会有甜的时候。我觉得最开心的事情就是我们一个学校的实习生一起实习的快乐时光，有难的时候大家一起承担，有福的时候大家一起同享，大家来自不同的班级，组合成一个大家庭，之前在学校有些同学没见过面，有些同学只是眼熟，就在大家选择同一个酒店的时候聚在了一起，这就是缘分吧。

在实习的过程中真的很辛苦，这真的是要亲身体验才会知道的，慢慢地也体会到父母赚钱的辛苦，以前在学校的时候不懂事，花钱老大手大脚的，现在明白了，赚钱不容易啊。在实习的第一个月，当我领到我的第一份工资的时候，心里有种小小的成就感，这是自己靠劳动换来的第一笔钱。心里有种满足。实习过程中，辛苦的时候也曾想过放弃，但是每次都想，既然你都在学校撑到现在了，好不容易到了第三年，就差一步之遥就到终点了，为什么还要放弃呢？要是放弃的话早就放弃了，何必等到现在。所以，相信一句话：坚持就是胜利！

实习很快就要结束了。十几年的学习生涯就要接近尾声，实习是我跨入社会进行的一个热身运动，毕业后，我们又将迈入新的起点。新的旅程充满艰险，我们又要迎接新的挑战，实习其实就是将自己学到的知识运用到平时的实际工作中去，在实习当中不断磨炼自己，从中找出自己的不足之处，虚心学习一些实用知识，反复推敲，事事总结，增加自己的实践经验。在实习过程中，我们碰到很多问题，有的是我们懂得的，但是更多的是我们根本不知道的，不懂的我们应该要向同事和领导虚心请教；当别人教我们知识的时候，我们应该虚心地接受，不要认为自己懂得一些皮毛就飘飘然；要把社会实践当成我们真正的老师。这次的实习虽然时间很短暂，工作面很窄，但是依然让我学到了许多知识和经验，这些都是无法从书本上得来的。通过实习，我能够更好地了解自己的不足，了解这个社会的一个层面，能够让我更早地为自己做好职业规划，设定人生目标。处在这个与时俱进的大潮时代，在大浪淘沙中要能够找到自己的屹立之地，让自己所学为社会做出自己应有的贡献！

总之，毕业实习使我获得了人生第一笔宝贵的工作经验，虽然在步入社会后，还有很多东西要学习，很多教训要汲取，但我想我已经做好了足够的准备，无论是在心态上还是在技能上。现代社会的竞争是残酷的，但只要努力付出，我的职业生涯就必定会开出希望的花，结出成功的果。

如何当优秀员工

王海燕　高星级饭店运营与管理 201104
实习单位：海口明光海航大酒店

时间流逝，我们在明光大酒店已经快十个月了，在这十个月里我们经历了风风雨雨。

记得我们刚到酒店的时候，什么都不懂，模模糊糊的。我被分到中餐厅，在这个部门里我认识了很多同事，和他们的关系也很好，我不懂的地方他们都会教我，很快我也上手了，也知道怎么去做了。开始的时候还是有点害怕的，但是我相信自己能做得更好，我就放下了这害怕的心理大胆地去服务客人。

在实习期间，我没有旷过工，不管多苦多累我都是每天微笑着面对我的同事和客人们，因此我就被我们部门经理选为 VIP 服务中的一员。其实 VIP 服务员是很辛苦的，每天都要培训，只要下了班都要留在酒店里培训。不过有苦也有甜，苦的是不能休息要每天培训，甜的是让我学会了很多。

我学会了服务宾客的原则；服务宾客的程序；服务中的工作细则；宴会出菜程序；托盘的技巧及端托盘行走的步伐；铺台、摆台的注意事项；换烟灰缸的重点；点菜、写菜单、取消菜式的注意事项及推销菜品的技巧；斟酒水的基本方法、程序和酒水的一般知识；处理客人投诉及服务工作突发事件的对应技巧；餐厅开市的准备工作及收市的注意事项以及各种服务礼仪、餐饮卫生知识、消防知识等。这些为我成为一个优秀的服务员奠定了基础。

在这次服务员实习工作中我总结出了作为一个优秀服务员要具备的几点。

热爱自己的工作：当你热爱自己的工作，你就会快乐地、更容易地做好你的工作。我们要让就餐的人们获得健康、能量与良好的服务。你就可能将平凡的工作做得不同凡响。而企业最需要的就是热爱工作的人。

迅速熟悉工作标准和方法：为了在激烈的竞争中获胜，我们必须能够尽快地投入工作并胜任工作，以提高工作效率。

要有勤奋的精神：餐饮工作主要是手头工作，通常不会过重，多做一些并不会累坏。所以我们要做到腿勤、眼勤、手勤、心勤，主动地工作，主动地寻找工作。"一勤天下无难事"的俗语说出一个很深刻的道理，只要你勤奋，成功的大门就会为你敞开。

要有自信心：与金钱、势力、出身背景相比，自信是最重要的东西，自信能帮助人排除各种障碍，克服各种困难，相信自己是最优秀的。

要学会做人：做人就是做一位敬业、感恩、乐于助人、讲职业道德的人，真诚做人、认真做事，事业将会更成功。

责任：就是以公司利益为重，对自己的工作岗位负责；就是为客人负责，给客人提供优质的出品与服务；就是"敬无在"，即使没有人监督你，你也会认真地做好工作；这些就是责任的表现。用平常心面对工作中的不公平：在工作中没有绝对的公平，在努力者面前，机会总是均等的。没有一定的挫折承受能力，今后如何能挑起大梁。

团队：发挥团队精神是企业承包制的追求，餐饮企业的工作由多种分工组成，非常需要团队成员的配合。具有团队精神、善于合作的员工和企业都更成功。

这次实习给我的体会非常的深刻，我觉得我们做每一件事情都应该是，每天进步一点点，积沙成塔、积少成多，很多成功者就是积累一点点小而成大器的。每天创新一点点，是在走向领先；每天多做一点点，是在走向丰收；每天进步一点点，是在走向成功。

十个月的实习带给我梦想

周香怡　高星级饭店运营与管理201105
实习单位：海口明光海航大酒店

当春带着她特有的新绿，海一样地漫来时，真能让人心醉；当春携着她特有的温煦，潮一样地涌来时，也能让人断魂。在春天的到来下我拿起笔写我的实习总结。才发现千言万语不知道从何说起。

刚来到酒店，安排好岗位，我才发现自己并没有太多的优势，因为从来没有接触过酒店管理，一切都需要学习摸索，这对于我来说是一个绝好的锻炼机会。从走上岗位的那天起，我就暗下决心，自己一定要努力，不要让自己有遗憾。

我在客房部实习，在此期间我学到了很多。到每个部门上岗之前，都要经过培训。当然，客房部也不例外。培训的主要内容就是怎样铺床。由我们主管培训我们铺床。整个铺床过程包括甩单、套被子并铺平、三线合一和套枕套。其中三线合一是指被子的中线要和床、被单的中线重合。铺床的每一步都有要求，床单要整齐地包在床垫上，套被子要把被子和被套的角相对应，用力甩几下；套枕套，要让枕头充满枕套。除了铺床之外，还有清理房间，包括擦尘、吸地、清理卫生间。每一次进入客人房间，都要先敲门，然后进行床上用品的整理；擦尘也是一项重要环节，每个角落都要擦到位，并且将物品放回原处；吸地就是吸房间地上的尘土、毛发，每个角落都要吸到包括床底下。接下来就是卫生间的工作，要更换干净的毛巾，清理马桶、卫生间地面，最后补齐客用品。除了每天做房以外，我们还有查房、查洗衣等工作。查房就是在客人离开饭店时检查一下房间物品有无缺失，同时看一下客人是否有遗留物品，以便客人及时取走，与此同时，若客人有酒水消费，我们要将酒水及时入账。查洗衣也是一项重要内容，每天早上10点开始查洗衣，客房服务员先问客人是否要洗衣，若要，请客人填好洗衣单，然后服务员签上自己的姓名和收洗衣的时间，将衣服收走。这些工作基本上是客房服务员的主要工作，当然还有每个月的计划卫生，也不可忽略。

八个月的实习已成为过去，十个月的实习期还有两个月，过去的成功与失败都已成为过去式，我们不应该以它们为炫耀或为此而悲伤，而应该调整自己的心态去迎接未来的挑战，面对即将来临的难题。我在工作中有过失误，是客人、师傅们给了我一次又一次的鼓励，使我对工作更有热情。人生中有许多要学的知识，我们现在学到的还远远不足，那么就更应该准备好下一阶段的学习，有目标地出发，努力付出就会有收获。撒下了种子，我们还要辛勤地栽培与耕耘，那样我们才会有大丰收。

我的实习收获主要有以下几点：

（一）突发事件应变能力提高

在客房部工作，每天都必须做好作战的准备，因为作为一名服务员，每天要面对不同的客人、不同的事件，入住的客人中，不免会有些不大礼貌的客人，有的甚至会口出恶言，面对这样的情况，如何安抚客人的情绪，同时保护酒店的利益与自身的安全，对于我来说又是另外一个考验。

（二）服务技能的提高

在这次实习中，我重新学习了服务技巧和服务规范，更加熟悉服务工作，对服务有了更加深入的了解，服务技能有了进一步的提高。我的服务更加熟练，不仅可以熟练地完成服务工作，并且可以协助酒店经理主管的培训工作。服务技能提高了，工作效率也相应提高，同时减少了工作失误，能够向客人提供更周到便捷的服务。

（三）从业能力的提高

酒店培训和实习经验的积累，为我毕业以后的就业增加了机会，从业能力得到提高，在此过程中我的语言能力、交际能力、观察能力、记忆能力、应变能力都得到了提高。

很荣幸我能在酒店实习阶段来到了酒店客房部,虽然这里很少能够有面客的机会,虽然在这里的大部分时间我们都是在从事着重复的工作,虽然这里的气氛有时候很压抑,但是,我依然觉得在这里的这些日子很值!因为在客房里工作,我们接触了一群同样在客房工作的朴实的大姐们,是她们帮我度过了实习阶段中最容易让人躁动不安的日子!

最后,我想我要感谢我的老师们,感谢部门经理、主管、领班们。我还要感谢这一年来给过我帮助的部门大姐们,以及共同生活的同学们。实习后,毕业后,不论我走入怎样的工作岗位,走入怎样的生活环境,我都不会忘记这十个月对我的影响,我会带着这十个月的成果,勇往直前地开辟我的未来人生之路!

注意细节，综合服务

蒋 蕾 高星级饭店运营与管理 201106
实习单位：海口明光海航大酒店

刚到酒店的时候感觉什么事情都很新鲜，毕竟是第一次离开学校步入社会工作，每个人都挺激动的，都有一股使不完的劲儿，都把酒店看成是施展自己才华的舞台，想把自己的理论知识和自己的想法付诸实践中。但是理想和现实毕竟是有差别的。当我们正式走上工作岗位之后，发现很多事情并不是我们想象的那样简单。

我在客房部实习，在上岗之前是要经过培训的。培训的主要内容是怎样铺一张床。教我们铺床的是我们部门领班，铺床的每一步都有要求，整个铺床过程包括甩单、套被子并铺平、三线合一和套枕套等，必须在三分钟内完成。首先甩单就很困难，一般要求是一次完成，并且保证床单的中线要和整张床的中线重合。然后是给床单包角，即把床单整齐地包进上下两个床垫之中，这里要求不能让床单和床垫之间有空隙，否则床单将不能保持平整。接下来开始套被子，这个也很讲究，也很有技巧性，即只要把被子和被套的角相对应然后用力甩几下就行。其他就是细节整理，被子的中线要和床、被单的中线重合，这就是铺床过程中的"三线合一"。做完了这些，最后一步是把枕头放进枕套里，要保持饱满的一面朝向床尾，枕套开口的方向不是朝向墙壁就是窗户。

去客房部自己独立做房才发现客房部服务员的工作还不仅仅是铺床那么简单。客房服务员的首要任务是清理客房。清理客房也是有一定规范可寻的。实习期间了解到，服务员进房间要先敲门，进门之后第一步是打开窗户，然后收拾垃圾，倒掉。接下来就开始整理床，要撤下客人用过的被子、床单和枕套等，按照铺床程序一一换上。这一切结束之后开始打扫卫生，要注意的是这里湿布一般擦

| 注意细节，综合服务 |

木制家具，干布则擦金属和玻璃制的家具，每一个小地方都不能放过，整体上擦拭次序呈环形，整个过程中还要把各种家具、器皿归回原位，还要检查房间里消耗了多少日常用品。很细小的事情如电话应该摆放在床头柜中间、放在便条纸上的笔头如何朝向以及擦镜子时应注意斜着看几眼来检查镜子是否干净等，在整个清理过程中都需要认真对待。打扫过之后要用吸尘器清理地毯，要让吸尘器的吸口顺着地毯的纹理移动，这样既不会损坏地毯又能打扫干净地毯。最后一步是把房间消耗掉的物品补上，如果有丢失的物品，则要记录并上报主管。我在客房部工作时还了解到，每个员工都要有安全意识，服务员要知道一般的消防知识。除此之外，服务员还应对本酒店和本市比较了解，这样会为客人提供更多意想不到的服务，让客人更满意。

在这次实习中我感受到很多：要看各种各样客人的脸色，做不好，客人还会投诉。做的时间长了我的想法也跟着改变了。我把实习当作是体味社会和人生，从最普通的岗位做起，在进行实践的同时，感受人情事理，积累社会经验和处世之道，了解人际关系的复杂，这才是实习生活中最重要的。实习生活就像一面放大镜，不仅让我看到自己优秀的一面，更将我在各方面的缺点与不足毫无保留地放大出来，古语有云：闻过则喜。这也是一个人进步的前提。

在客房部这7个月的实习让我明白，客房部服务员的工作量是很大的，另外，客房部的领班、主管和经理都是从基层服务员干起，一步一步走上来的，他们对基层工作很了解，对基层服务很熟练，主管就曾亲自给我做铺床示范，动作麻利。而且，每当酒店接待重要的客人时，通常是主管甚至经理亲自整理打扫客房，丝毫不疏忽。从这些地方看，实践和细节是很重要的。

在工作中，虽然我只是充当一名普通客房服务员的角色，但我的工作绝不仅仅是打扫卫生那么简单，其中也有一系列的复杂程序。在这半年的工作中，我发现要能自如地做好一项工作，就必须正视自己的工作，以一种乐观的心态去面对每一天的工作，无论工作是繁重还是清闲，都要用积极的态度去完成我们的每一份工作，而不能因为工作量的多少而去抱怨，因为抱怨是没有用的。我们要做的是不要把事情想得太糟糕，而要保持好的心态，快乐地面对每一天。因为快乐的

零距离的倾诉

心态会使我们的工作变得顺利。

实习让我真正学到了很多实际的东西，而这些恰恰是在"酒店管理"课堂上所学不到的。虽然之前上课时就知道酒店行业是很注重实践和细节的，但在实习中才发现酒店注重细节到连物品的摆放都有规定的程度。我在实习中学到了基层服务员的工作技能，并且加以熟练。另外，我还认识到，在管理上最重要的是要处理好和下属员工的关系，而要做到这点，最重要的是需要务实，从基层干起，出于基层而脱颖于基层，一个成功的管理者必然是这样产生的，成功的管理者能把所有员工团结起来，这样实现的是整个企业的目标。所以说，日后酒店需要的管理人才，必然是经验丰富、从基层升上来的，而不是一个具有高学历却没有实际工作经验的人；酒店需要的服务员，必然是很有服务能力，注意细节的人；并且员工将向普遍性的酒店"金钥匙"方向发展，未来酒店"金钥匙"的人数在酒店员工中的比例会大大提高。

实习是耐心，是磨炼

许杨艳　高星级饭店运营与管理 201107
实习单位：海口明光海航大酒店

7月17日，我开始了我的实习生涯。9点钟我来到了我的实习单位，海口明光海航大酒店。刚到时，我被海南第一高楼给迷住了，真想不到我也可以和别人一样，可以在这里上班。那时候我是多么的天真啊。

经安排后，我进了客房部。经过了7天的培训，我们正式上楼层做房了。刚开始是老员工带我们，老员工对我很好，我不懂的，只要一问，她都会教我。一周后，我们是自己去做房了，刚开始我有点手忙脚乱。慢慢地，我熟悉了，从刚开始的4间房，做到了9间房。一个月后开始可以按酒店标准做到12间房。久而久之，我可以做到15间房，每天过得很充实。

在实习刚开始的时候总是在不断地数着每一天，总感觉时间过得很慢，可现在回忆起来，才发现时间原来过得那么快，不用多久，我就要正式结束实习了。突然发现，现在的自己和刚出学校的自己比起来，又有了不少的改变。

在明光海航大酒店的这段日子里，不开心的事有，开心的事也有，人生百味，我在实习的这段时间尝到了不少。在一开始的时候，自己确实是有点厌倦实习工作的，因为每天不断地重复做房，再加上有些客人的生活习惯是那么的让人难以接受，把房间弄得非常脏，我一进去就会感觉到厌恶的情绪，就像是古筝琴弦一样被人拨动着。随着一天加一天的抱怨，感觉不开心的情绪总是伴随着自己的每一天，不由得有想放弃的念头。可是我不想就这样放弃，放弃等于是逃避，我不想做一个懦弱的人，也不想就这样向生活低头，更何况我已经坚持那么久了，就更不想就这样放弃。而事实证明，有时候当人下定决心做一件事，就会发现没有想象中那么困难。也许是习惯成了自然，我渐渐地没有那么抵触这样的

零距离的倾诉

生活了，平常里同事们的关照也带给了我阵阵温暖，也就让我更没有了一开始的那种抵触心理。不知道从什么时候开始，我对工作的态度有所改变，不再像一开始那样抱怨、不满，因为我相信，只要努力，没有不成功的，加油！抱着这个心态，我坚持下去了。现在只知道，自己的实习即将迎来结束的时候。而我，也要离开海口明光海航这个地方，去下一个让自己锻炼的地方。人生就是这样，一直地锻炼下去。

在实习里，到后面三个月的时候，我迎来了我的第一次调动，也许也是最后一次了吧。我成了后勤人员，我的工作从每天打扫房间卫生变成了每天为每一个楼层发放酒水、易耗品、房间用品之类的东西，我感觉每一天的生活都过得很充实。这份工作也很忙，也让我感受到了不一样的工作苦衷。我刚转到库房的第一天，因为我对工作不熟悉，工作有点延迟，害得楼层服务员工作也延误了，那一次，也是我感觉到委屈的一次。那一次没有得到别人谅解，我感到很失落，这也让我想起了我还在楼层的时候好像也曾经这样对待过库房工作人员，让我感到了有点风水轮流转的感觉。也是从那一天开始，我更加明白了，虽然工作的内容不一样，但是还是有着各自的难处，也让我学会了怎么更好地谅解别人，更好地站在别人的立场去看问题。理解别人，也是对自己的一种方便，因为只有你对别人如何，别人才会如何对你。

在实习中我学会了很多很多，还有两个月，我就要结束实习了。像农民伯伯一样，春天努力播撒种子，虽然累，可是，到了秋天收获的时候，嘴角洋溢出的是微微的笑容。学习、工作亦然。实习就是实践学习，经过这次实习，我的口语能力、工作能力、专业能力都有所提升，但是还不够，我还要继续努力下去。一分耕耘，三分收获。辛苦汗水的背后，往往都是收获。感谢学校给我这次锻炼的机会，让我这颗种子，在土里茁壮发芽。感谢酒店部门经理、主管、领班，因为你们，我才可以学到这么多，从不懂到自如。最后要感谢一个一直以来为我们忙碌的人，就是我们的带队老师——同老师。他总是默默地支持我们，每当我们工作累时，想放弃时，是他给了我们鼓励和动力，一直一直到实习结束，老师您辛苦了。

| 实习是耐心，是磨炼 |

实习是在锻炼我的耐心，所以我一直坚持。实习是在磨炼我的心性，所以我在进步。短暂而又漫长的十个月，让我从熬日子到过日子。马上就要结束实习生涯了，十个月的蜕变，也让我懂得了如何在社会这个深潭里更好地去适应生活。怎么说呢？感慨万千，这将是我人生中的一个转折点。告别学生时代，我将面临社会的考验，我相信经过这十个月的实习，我成熟了很多。在以后的日子里，我会更加努力。我也相信自己，能越做越好，成就自己以后的人生。

实习让我们走向社会

黄壮波　高星级饭店运营与管理201108
实习单位：海口明光海航大酒店

　　昨日看似东流水，离我远去不可留，转眼间，实习已经几个月了。从在学校生活到踏上社会实习，我懂得了很多东西，学到了很多学校课堂不能顾全的一些知识。

　　这半年多以来，我坚持脚踏实地、诚实做人的作风，用高度的责任感和事业心来为酒店服务，把自己在学校里所学到的知识都运用到实践工作当中去，严于律己，在领导的支持及同事的配合下，圆满地完成了这次实习。在实习期间主要的就是要多看、多问、多学，去了解和学习酒店里的管理模式。刚刚开始上班的时候真的很不习惯，因为环境生疏，心态还没有来得及转变过来，再加上上班很辛苦，不过很快我就和同事们相熟了。大家工作中相互帮助、相互鼓励，很开心。

　　我当了明光海航大酒店实习生客房部的班长，我感到很自豪，每次老师安排的事，我都按时完成，同学们也很配合。我在工作当中得到领导们的口头表扬，刘总监夸我干得不错，李闯主管夸我行啊，我的上级也就是高级服务服员叶茂武学长说我办事主动也比较灵活。我现在再也不是以前那个不懂事的小孩啦，在酒店我服从命令听指挥，遵守纪律，按时上班。

　　我是在两个岗位上班的，一个是仓库管理员，一个是客房部酒水员。仓库管理员每天给各个楼层发放酒店房间的易耗品，给各个楼层拉怡宝矿泉水，每日都是差不多拉50箱矿泉水给各个楼层。每天都去大仓库领易耗品，做一些体力活，大量拉货备用。客房部酒水员每天要给各个楼层补各个房间的酒水，每天接几百个电话。发放酒水后要查看房态是免饮还是要入账，每天快下班的时候要给领导做酒水报表。第一次接手的时候我把报表搞错了，下班时间到了我依然在查，坐在电脑面前查账几个钟头，最后查出来后做完报表才下班。慢慢地我熟悉了操作，现在应经得心应手了，越做越得到领导的认可。我会继续坚持我的工作，把我的工作做得更好。

在实习中我被安排到明光海航大酒店员工2号宿舍，宿舍满是异味，好几个同学看到情况不妙，就申请不住宿，回家住了。剩下了0906班的杨辉同学和陈楚钊同学。我们三个人在这样的环境住下了。宿舍里看不到太阳，24小时都是阴沉沉的，洗衣服晾在阳台要经过两天的风吹才能穿。洗澡有热水器，但热水实在太烫了，又不能调温度，只有热和冷，洗澡就像高温消毒一样。我们有时候会举行宿舍大扫除，我们会分配工作区域，比谁做得干净。同学都会主动打扫卫生倒垃圾。在宿舍里我们留下的汗水和笑声我都会永远记在心里。

实习是锻炼我们的耐性，所以我一直坚持着，因为我是海口旅游职业学校的学生，在外面我要展现出我们学校的不倒翁精神。我们能在海口旅游职业学校这个神圣的地方待两年那就证明我们一切都能坚持下去，永不打退堂鼓。

实习是一个接触社会的过程。通过这次实习，我比较全面地了解了酒店的组织架构和经营业务，接触了形形色色的客人，同时还结识了很多很好的同事和朋友，他们让我更深刻地了解了社会，他们拓宽了我的视野，也教会了我如何去适应社会融入社会。实习让我提前接触了社会，认识到了当今的就业形势，并为自己不久后的就业做了一次提前策划。通过这次实习，我发现了自己与社会的契合点，为我的就业方向做出了指引。

在这里我要谢谢老师们的良苦用心，黄壮波在这里向你们致敬了！感谢我身边所有的人，如果没有你们的支持和鼓励我也坚持不到今天。谢谢大家的支持和鼓励，我会永远铭记在心的。祝海口旅游职业学校所有师生永远开心快乐！幸福永远陪伴在你们的身边。

只怕自己没努力过

陈春燕　休闲服务与管理201114
实习单位：三亚万豪大酒店

一晃眼，实习结束了。想当初出来实习的时候，总觉得10个月会不会太久了。如果分到好的部门，就会觉得时间过得快。如果是比较辛苦的部门，相对来说时间当然会慢，也许会有想放弃的念头。这些我已经听学长学姐说了无数次，可是时间悄悄带走了以前的无知、懵懂，也慢慢地教给我们一些在社会中生存的潜规则。让我们渐渐变得成熟，变得更加懂事……

还记得刚开始选择实习点的时候，纠结的我们不知该如何选，多数都是听从家长和学姐们的建议，其实，要想实习过得好，就得会选酒店。因为我学的是旅游服务管理，所以就避免不了服务行业。当初，我想都没想，第一选择就是三亚万豪大酒店，刚来酒店报到的时候，觉得特别好奇，什么都想去尝试，见到的人与事，都让我觉得没有选择错误。7月19日，正式上岗，刚开始只简单地分部门，就是餐饮和客房。我被分到了餐饮部，带着实习生身份的我们，当初只能在中餐厅跟着老员工学习知识。幸好老员工们都特别乐意，不然我们会感觉到自己是别人的负担。然后一直在宴会厅与中餐厅之间帮忙。也算是学习吧。就这样过了两周，开始分部门了，其实不是分什么大部门，而是到餐饮部的各个分部，例如：西餐厅，大堂吧，等等。分部门的那天，大堂吧和西餐厅经理都过来选人，有大部分人不想待在中餐，所以都投奔了大堂吧和西餐厅。由于大堂吧对身高有要求，所以矮个子的同学不得不去了西餐厅。其实西餐厅也没有那么不好，一切都是习惯成自然。在分部门的时候，发生了一件让中餐厅经理难堪的事，就是全部人都跑到了西餐厅和大堂吧，怎么会没有人愿意留在中餐呢？在二次面试中，各分部经理提出了问题与要求，于是又有许多同学放弃了，无奈地选择了中餐厅。

其实这也是根据所学的选修课程分的，比如调酒、茶艺，这些都是经理优先的考虑条件。

　　我进了大堂吧这个分部，也称为酒廊。第一天到大堂吧工作，还不适应，但是会有学姐们带，部门的人很好相处。因为没培训过，直接上岗，也给别人带了不少的麻烦，尤其是消费问题，我们都不懂，怎么去和客人解释呢？第一天就因为这些事情，让我都对自己的工作表现失望了。还有许多地方不习惯，这里不像中餐厅和西餐厅，需要收很多的餐盘，这里只需要收茶具，所以工作量不大，但在高峰期的时候的确很忙，我们都跟不上脚步，但是看着营业额，又满心欢喜。一天过下来，真是可喜可悲啊！过了一个星期，要求渐渐冒出来了，要化淡妆啊，头发整洁，等等。其他的可以接受，就是化淡妆难做到，因为有时候时间总是不够用，我们只能涂涂口红化化眼影蒙混过关，经理总是一见到我们就大声问，化妆没有？因为我们是一线的服务人员，又是最接近大堂的地方，从头到脚，都被别人看在眼里。所以有时动作一不好看的时候，总是被经理骂。还有就是一天要站8个小时，觉得好累，可是站了一个星期，觉得好多了。慢慢到现在，实习已经快9个月了，站的是没感觉了，工作也不会觉得累了，但是有时候碰到无理的客人的时候，刚出社会的我们，总是忍不住和客人顶嘴，如果碰到脾气好的客人，只会让你道歉，如果是无理取闹的话，那就糟了，他会直接把经理叫过来。这时就惨啦，因为经理会找你谈话，也因为这样，你在经理心中的完美形象，一下子少掉20分，以后工作经理都不会很看好你了，除非有大改变。所以遇到这类客人时，请尽量对他微笑，实在解决不了时，再把领导找来和他解释，千万不能顶撞他。实习到一半的时候，有些同学放弃了，像在中餐厅和西餐厅的同学，都喊累，其实都坚持了四五个月了，然后放弃，不觉得很可惜吗？其实，实习没有什么好怕的，时间真的很快。现在实习快结束了，我们都在纠结究竟是留店还是不留，有些同学留了就升领班了，有些同学是因为不舍而留下，我也在纠结。在工作中我交到不少朋友，学会了不少知识，尤其是酒水知识，实践真的很有效，记得有一次，遇到星评检查，第一次遇到这种情况，真的特别紧张，因为是要评五星，如果有什么地方不好的话，那肯定会直接挂掉，所

零距离的倾诉

以我们都打起精神,特别注意仪容仪表。星评检查过去后,觉得原来我们也是很重要。

  这将近一年的锻炼,给我的仅是初步的经验积累,对于迈向社会是远远不够的,在社会上我们必须要自己去面对一些事情。社会这个学校,有太多可以让我们学习的知识。不怕不成功,只怕没努力过!

工作是互相帮助

杜 铃 休闲服务与管理 201114
实习单位：明光海航大酒店

7月18日，我们学校的同学来到明光酒店实习，我们中的很多人在学校是擦肩而过的，这一天我们相遇，互相认识，再次成为一个集体。

来到酒店我们大家都笑得好开心，当时没想到我们今后的日子要很辛苦，只知道我们终于离开学校了，不用再被管了。刚到酒店的时候我们什么都不懂，都是和同学说话、聊天，人事部的工作人员带我们到洗衣房去领我们的制服，我穿的是中餐厅的衣服，我是被分到中餐厅的，开始觉得那衣服好难看，黑乎乎的，穿起来感觉没精神，还有些同学是被分到客房部的，他们的制服和我们的不一样。换好制服后，我们就要开始去熟悉环境并参加培训了。

培训过程也很开心，我们分为几组，每组都起上组名，还要选出一个组长，我们组的林怡成是组长，我们的组名叫"甜蜜再恋"。酒店里的人给我们培训了好多方面的知识，有消防措施、救人措施，还有客房服务、餐饮服务等。培训过程中我们玩了些小游戏，挺开心的，最后还要选出第一名和一个优秀团集体，没想到的是我们组竟然得到了优秀团集体，当时我们都很开心。培训时间就这样过去了，我们分别到各自的部门报到。

培训结束后，我们来到了部门"中餐厅"。报到的那天是星期六，星期六早餐时间很热闹，我们就要上岗帮忙了，我们被领班分到各个区域去看台，那时的我们什么都不懂，还好有老员工在我们身边帮我们，教我们怎么做。开始有点害怕，慢慢地不怕了，也很大胆地去服务。其实早茶服务不难，你只要帮客人落好筷套，问他喝什么茶，看他要吃什么点心，去帮他拿或者叫同事把车推过来给客人看就可以了；服务过程中只要帮忙撤掉空笼和空碗就好。早茶服务是很简单的，只是热闹的时候忙不过来就会很着急，不过习惯就好了。早茶过后，我们还要继续培训，那是我们部门经理培训，教我们如何点菜，告诉我们菜的样品和做法，还有一些必须遵守的纪律和规章制度，慢慢地我们也上手了。

在后面的日子里，服务了很多婚宴和会议用餐，都是几十桌的，感觉越来越累，感觉自己坚持不下去了，也有想退学的念头，但是我们没有去做，只是想不能做。可是我们做了一件非常非常错误的事情，我们旷工，闹情绪，顶撞领导。我们知道自己这样不对，及时改正了，也把我们的工作态度给转变了，不再有退学或者旷工的念头了，其实大家一起工作也是件很开心的事情。

实习期间发生了一件让我非常难忘的事情，让我知道在服务行业可以学到很多东西，那就是我参加了一次服务"星评"工作。对我来说这是非常困难也很有压力的一次服务，关系到我们"明光酒店"的荣誉，我是负责服务"星评"会议工作的，我和我们学校的同学一起。原本这项工作不是我的，是另一名同事的，由于他有事了，所以我们部门经理才把这项工作交给我。当我知道这项工作要交给我的时候，我很害怕也很担心，因为我没有培训过，不知道怎么做，会议经理就说，别害怕，我会教你怎么做的，不用紧张，没事的。另一名同学有点经验，因为她服务过会议工作，并且她也是VIP服务员（我们酒店是有专门的VIP服务员的，如果工作好，服务好，会被选进去，再加强培训）。我不是VIP服务员，也没受过VIP服务员的培训，所以才会紧张害怕，害怕自己在服务会议的时候出什么差错。会议经理提前对我们进行培训，教我们如何去服务，还给我们详细分配了工作：会议服务人员有四名，当时有宴会厅的主管和领班，大堂吧的金凤和我，我们都有各自的工作，会议经理负责拉椅，金凤负责倒茶，我负责上毛巾，主管和领班负责倒矿泉水。工作就这样分配完，接下来会议开始，会议期间我们只需要负责加加茶水，收拾不要的纸屑就可以了。会议结束得很快，所有领导和星评专家走出会场后，会议经理就给我们总结了这一次会议服务的不足地方，当我们知道我们做得不好的地方后，我们及时改正了，这两天的会议，让我们学到了不少东西。星评专家里有一位名叫李原的教授，他告诉我们在服务会议时要安静服务，当别人在说话的时候，如果要倒茶水或换毛巾，不要说话，伸手示意就行了,我们听完后,及时改正了,所以说我们学到了不少。酒店里无所不在的是服务文化、礼仪文化、地域文化、饮食文化、解困文化等,在饭店里所有的工作人员都是主人,所有的客人来到店内都会对酒店人产生或多或少的依赖,除了在接受服务的过程中接收文化或知识,他们还在遇到困难时向饭店人寻求帮助。因此,我们可以说,饭店是一个到处充溢着文化和知识的场所。于是,在这里工作的人们必须更有知识、文化和涵养。客人在品尝一道道菜式,服务员小姐在耳边用甜美的声音介绍有关菜式的知识,包括起源、流传、特色、新意等,不仅增添了品菜的乐趣,也让客人接收到一些新的知识和信息,让他们从另一个层面上觉得不虚此行。

在饭店的任何一个角落都有彬彬有礼的服务人员,规范的操作、职业的微笑、谦恭的神态,让客人无时无刻不受着礼仪文化的熏陶。处于社会中的个人永远都在受周边人的影响,所谓人以群分,礼仪文化不仅使饭店人素质提高,也在有益地影响着客人,提升着整个社会的素质与涵养。还有一种文化称为"解困文化",就是帮助客人解决难题,金钥匙文化就是典型,满意加惊喜,完成不可能完成的任务。

短短几个月的时间眨眼间过去,很快就要结束我的工作历程了,回首时竟有些留恋,经理的教诲指导,主管温和的微笑,那些和我们一起工作的服务员,都让我牵挂难忘,因为有他们的指导,才使得我顺利完成了这次工作。实习为我以后步入社会奠定了基础,是我从学校向社会跨越的一个平台。经过此次实习,我学会了细心认真去生活学习,学会了如何待人接物,今后我将珍惜每一次机会,勇敢地挑战自我,完善自我,让自己成熟起来。

战胜所有困难

张君桐　计算机应用201116
实习单位：海口宝华海景大酒店

7月8日，我们期待已久的实习终于正式拉开帷幕。我选择实习的地方是海口市宝华海景大酒店，在这里我将开始为期十个月的实习生活。

我们有4个人是第一批来到酒店实习的，当我们来到酒店的时候，心中期待着自己可以分到自己喜欢的工作岗位上，可是我们也同样明白不可能人人都如愿的，只有等待酒店领导的安排。根据酒店的人事安排及工作需要，我们4人都被分到了餐饮部。餐饮部有5大分部，分别是中餐厅、咖啡厅、泰餐厅、宫廷厅、酒吧，而我们4人又刚刚好都被分到了咖啡厅。

一开始，我们要接受酒店系统的培训，培训工作分为三大块：一是人事部的岗前培训，对我们进行了四个课时的室内培训和游览培训，主要是介绍酒店的概况，同时也对我们进行了员工素养及酒店管理制度的培训，这让我们对工作有了大致了解；二是消防安全意识培训，酒店特别安排了工程部的经理为我们现场讲解授课，让我们对酒店安全和消防常识有了更深入系统的了解；三是业务技能培训，这一培训贯穿着我们实习的第一个月，由部门负责人员为我们进行不间断的技能指导，一个月的实习培训让我们对部门工作有了基本的了解。餐厅主要以自助餐和点餐的形式出餐，一般要接待会议和团队的自助餐或点餐，餐厅员工有将近20人，包括主管一名和若干领班及服务员数名，工作比较繁忙。

刚刚走上工作岗位的几天，我们就像无头苍蝇，完全不能领会工作的流程和要领，只是听从领班和老员工的安排和他们手把手的教导。庆幸的是基本所有的老员工对我们都特别友好，主管还专门为我们每人安排了两名师傅，负责指导我们的工作。在后面的日子里，我们基本都能熟练从事各项工作了。我们的工作除了迎宾、摆台、传菜、上菜、撤台外,也得兼职做勤杂工,只要有需要,就得随传随到。由于我们每天的人员安排不一样,所以我们都负责过不一样的岗位,只要是咖啡厅的工作,无论是迎宾还是服务员或是传菜员,我们全都负责过,可以说是必须要样样精通。

  我们酒店属于涉外型酒店,里面来来往往着形形色色的中国人跟外国人,来咖啡厅用餐的大多也是住酒店的房客,当然里面也包含了不少的外国人,刚开始,我很害怕接待外国人,因为我的英语不是很好,口语表达能力也较弱,一直不敢去跟外国人交流,那时候我真的很后悔没有好好学习英语,现在我都会利用空闲时间学习英语,希望自己能很好地和外国朋友交流,顺利沟通。我觉得如果是打算来酒店工作,还是需要把英语学好,英语真的很重要,这也关系到未来在酒店的发展前途,所以想要在酒店发展下去,就必须学好英语!

  在这次实践中,我印象最深、感触最多的就是中国客人与外国客人的餐桌素质。可能是在"自己家里",有些中国人在餐桌上显得更豪放、大方、随性、个性绽放。两人桌的坐四个人,四人桌的从别桌拉个椅子横在路中,不管有没有挡着别人过路;生怕没食物了,拿了个"满汉全席",结果搞得自己放筷子也找不到地方,最终一大堆食物吃不完不说,桌子像是经过了战争一样,桌子椅子地上"尸横遍野",不经一番地毯式搜索,是找不到刀叉勺筷子的;还有的客人,在咖啡厅如此优雅浪漫的环境下,像是在菜市场,我行我素,丝毫不顾及其他客人,还有的人甚至把咖啡厅当作旅游景点,一二十个人一起,一个一个地挨着拍照,大肆喧哗。然而,看入住的外宾,他们有的是来参加会议有的是来观光入住的,走进咖啡厅吃自助餐时,排队交餐券,不像一些国内人,把领位围了一重又一重,叽叽喳喳,自己没弄清用餐地点还大声呵斥领位。外宾用餐后,椅子移回原位,没有一桌残渣,桌上的摆放物还在原位。他们用餐时听不到喧哗声。他们的礼貌让人佩服让人惭愧。总体来说,中国人的素质有待提高。同时也提醒自己不管处在什么地位、扮演什么角色,都要做一个有修养高素质的人,也希望我们大家能够让外国人改变对中国人的一些看法。

  通过此次实习,我学到了很多课堂上学不到的东西,仿佛自己一下子成熟了，懂得了做人做事的道理，也懂得了学习的意义，时间的宝贵，人生的真谛。

实习生涯，让我对所学的专业知识及其在实践中的应用有了一定的感性认识，也让我将酒店管理课堂上所学的理论知识与实践经验相结合，让我对专业基础和专业课理解和掌握有了进一步的发展；在实习过程中所学到的知识和所遇到的人生经历，都将成为我生命中一笔非常宝贵的财富。实习让我明白人一生不可能都是一帆风顺的，要勇敢去面对人生中的每个驿站！实习让我清楚地感到了自己肩上的重任，看清了自己的人生方向，也让我认识到了一位服务员在工作中应保持仔细认真的工作态度，要有一种平和的心态和不耻下问的精神，不管遇到什么事都要认真地去思考，多听别人的建议，不要太过急躁，要对自己所做的事负责，不要轻易承诺，承诺了就要努力去兑现。实习也培养了我的耐心和素质，让我能够做到服从指挥，与同事友好相处，尊重领导，工作认真负责，责任心强，保质保量完成工作任务。

回首这半年，内心充满着激动，也有着无限的感慨。在实习期间所学到的一切，会为我将来的就业与发展提供很大的帮助，也让我的前程路途变得更平坦。付出是会有回报的，为自己，为了未来，奋斗吧，不要被挫折打败，要战胜困难！

让人舍不得的实习

陈玉叶　高星级饭店运营与管理 201108
实习单位：明光海航大酒店

时光飞逝，转眼间实习就要宣告结束了。我发现在工作中，最重要的是要学会如何去忍耐。

无论是工作中需要忍耐，还是面对领导和客人的责骂需要忍耐，总而言之，实习期间，如果没有耐心，是坚持不到现在的。当然，还要学会怎样在工作中寻找乐趣，无论自己有多累，也是快乐的。

起初在明光海航大酒店中餐厅实习时，谁都觉得自己坚持不下去，脑子里都是想走的念头，可当每次想起在学校时的辛酸，例如，偶尔会没水没电、封闭式管理出不去、经常过着吃一顿好的就没下顿的日子、时常泡面的生活，等等，就想：如果因为遇到一点小事就轻言放弃的话，太不值得，我们在学校都能坚持两年，这短短的十个月为什么坚持不下去？而且每天下来，学到的东西又多，又有工资，还有什么不满足的呢？和我在一起工作的同学们，大家提起学校，虽然感觉辛酸但是会发自内心地觉得幸福快乐，并且笑着讲完在校园里的种种，最后还会加上一句，啊，好想回去上学呀。就是这样，如果在实习的时候放弃了，所有的坚持不懈就毫无意义了。为了要证明自己在旅校待过，就更应该为了毕业证而奋斗。

工作有工作的好，在这段实习的日子里，我们得到了彼此最珍贵的友谊，不是舍不得这一份工作，而是舍不得在一起工作的同事们、同学们。也许再也不会有这样的工作，是好朋友们一起奋斗的了。我们虽然累，但是相互鼓励着，我们虽然累，但是也会打打闹闹，开开玩笑，增添乐趣，一起笑，一起苦，才不会觉得累，因此苦中作乐很重要。

零距离的倾诉

　　刚开始大家都觉得选错了行业，看不起这行，没出息等，可慢慢就发现自己开始喜欢上了与客人打交道。我是酒店中餐的一名迎宾，刚开始我和我最好的同学是面试服务员的，当服务员没到一天，就被经理看上，让我们去当迎宾了。相比之下，我们算是幸运的。起初觉得迎宾的工作很简单，但是越深入，越觉得头痛。我们有送餐的服务，接到客人的来电要为客人介绍菜品菜色，还要知道特色菜和客人最常点的是哪道菜，遇到这些我简直就要晕了，我连芥蓝芥菜是什么都不知道，怎么介绍呢？就因为我的不自信，有位0811的学姐，也是迎宾，和我说了一句话："我只教你一遍，不懂就要学，就要问。如果你怕，你就永远都学不会。"也就是在学姐的严格教导下我才会越来越自信。这里的迎宾最重要的工作就是做餐厅的每日报表，其他酒店都是领班级以上人做报表，而在这里，这任务就交给了我们。报表很难，也很复杂，开始做得头晕目眩，拖到晚上十一二点才下班。不过慢慢地就开始适应了，做得也快了，总是在十点就下班了。虽然说是迎宾，但是遇到一些婚宴会议用餐时，还有周末早茶忙的时候，我们都会被安排去看台，忙得不可开交，可是我换了个角度想，有这么好的经历不是很难得吗？就算被骂也好，被人看不起也罢，以后换到别的工作，也会觉得新的工作远远不如服务员工作累，这样自己反而比别人更加能吃苦耐劳。

　　我除了当过迎宾和服务员，还被经理、总监培训成为一名VIP服务员。那段日子，一整个月都在培训，就连休假也要过来。这种魔鬼式的训练，是为了准备星评的服务。在这期间我学到的不仅仅是一些基本的操作，还有更优质的服务，只可惜自己在服务星评的那天有事，没能参加，不过有很多VIP客人来也服务过，就已经受益匪浅了。很感谢培训我们的领导们，虽然当时我们觉得很烦，但是收获的却是他人没有的。无论是主动服务意识、操作流程，还是与客人的沟通能力，我都进步了不少。还懂得了许多的知识，从认识菜色菜品，到现在可以流利介绍，并说出菜的做法，怎么分辨每种杯子的编码，如何区分鲍鱼的头数，还有各种酱料和食品的名称，这些都是在学校学不到的知识。直到现在，我才发现，这三年没白上，得到的是别的行业尝试不到也无法理解的过程。

　　下面我分享几点自己的工作经历：

1. 有一次，早茶因为餐车没能及时推到客人身边，导致客人大发雷霆，把点心卡给丢了，还把旁边的服务员臭骂了一顿。谁都不敢靠近客人，因为是迎宾开的卡，所以我有义务去问清卡的去向。我鼓起勇气，微笑着与客人交谈，并且听他诉说，然后用最诚恳的语气对客人说道，我会帮您解决这个问题的。客人顿时情绪平静下来，指了指卡的方向，我微笑道谢，心想，原来微笑真的可以解决很多事情的，只要够诚恳，一定会平息客人的怒气。

2. 在学校我们学过旅游心理，知道有急躁型的客人，在餐厅里他们会表现得不耐烦，点菜也很快，会说一句要赶时间或是赶飞机，这时候，动作就要加速，如果稍微慢点，客人就会大发雷霆了。所以点菜时也要催菜，让不赶时间的客人稍微等会。

3. 做这行一定要学会认人。因为老板、董事、老客会经常过来用餐，也很喜欢听到我们带姓问好，这样他们会很高兴，也觉得很亲近。

4. 遇到外国人时要主动去交流，这样才能提高自己的英语口语，如果每次只会躲，何来进步。因为我每次都很主动地和他们交流，注意听他们的发音，因此点菜和点酒水我都会很轻松地完成，外国人很少喝茶，都是只喝啤酒和冰水，啤酒最喜欢喝的是青岛和喜力，有时候也喜欢点海南的力加。点菜也没什么特别的，按平常来点就行了。

以上是我在实习期间收获的一小部分经验。很快，实习就结束了。有许多的舍不得，舍不得一起工作的同学们，舍不得在一起工作的快乐，在众多的舍不得里我领悟出了，我们是时候该独立了，是时候该踏出迈向社会的那一步了，现在只能说一句，再见了，我的旅校，再见了，我的第一份工作。

认识不足，更加努力

陈阳卿　计算机应用 201117
实习单位：中国电信

在校学习两年后，我和其他同学一样背上行囊踏上整整十个月的实习路程。我和学校的另外 9 个同学一起在中国电信实习，虽然和我所学的专业不对口，但是我很高兴能够在这里开始我的实习生涯。

刚进去的时候是培训期间，我们要学电信的各种不同套餐和不同的礼仪，套餐繁杂。带领我们的是电信的值班经理和终端销售经理，他们给我们介绍了电信的业务和主推的一些手机，开阔我们的视野也增加了我们对电信的了解。例如：宽带的标准资费、Wi-Fi、超级无绳、ITV 等许多套餐，记得那时候我们总是在枯燥无味的培训中寻找一点乐趣。

现在，我们各自坚守着岗位。从话务员到文员，这当中很多东西让我真的获益匪浅。一开始，我被调到白坡外呼中心帮客户经理外呼用户，用电话营销来向客人介绍我们的新业务和套餐。说真的，拨第一通电话给用户的时候我有点紧张，因为我怕用户以为我是诈骗集团的。而且我发现我向用户介绍套餐时很生硬，都是看着营销脚本念的。有些用户直接用各地方的方言骂我或直接挂电话。不过，我觉得很幸运的是以前我做过类似这样的电话营销，所以在面对客人的各种疑问时我会巧妙地回答客人。你不要小看它就是打电话那么简单，这当中是存在一些技巧的。例如：你不能够说话太生硬，还不能够直接在电话里面否定客人，更不能敷衍了事。例如：在外呼用户介绍套餐的时候我能在和用户的通话中清楚地知道他适合做什么套餐，哪些套餐对他比较有利。又如：在整理公司文件的时候我会分批分类地放好，在整理 10000 号工单的时候我会按时按量分给指定的营业员办理。能很好地运用在校时所学的计算机知识和操作技巧，把一些文字化的东西转化成实践。

在实习的过程中,我觉得很多东西还需要学习,例如:处理人际关系,包括上级与下级、同事与同事之间的关系。以前在学校的时候总觉得好像只要和某个同学或老师熟悉了就会讲话很随意,动作相对来说也很随意,就会觉得不应该那么生疏。但是,在工作的岗位,只要你稍微讲话不注意,就会让领导或同事觉得不尊重他(她)。所以,在这里我们讲话都小心翼翼,说的俗一点就是要见人说人话,见鬼说鬼话。工作久了之后总觉得大家都是两面人,在人面前一个样子,在人背后就在那里议论纷纷。其实,我不喜欢这样。但,这就是社会。很多东西都是来到实习单位以后才开始慢慢学,我发现自己好渺小。不过还好,正是因为在这样的环境下我才深刻地知道我应该向他们虚心学习。在这里的日子,就像是进修一样,它磨炼你的意志力,锻炼你的个人能力。记得,刚实习那会,总有很多现场让我们去参加。我们和几个电信的老营业员和经理,在海口的一些人流量较多的区域宣传我们的套餐。说实在的,我比较喜欢这种做外场的感觉。又能锻炼口才又能熟悉业务,而且在外场可以很随意地向客人介绍业务,不像在营业前台那么拘谨。做外场的时候我觉得默契很重要,因为如果双方配合不好就会导致出差错。不过很庆幸,我们大家默契十足。

说长不长说短不短的十个月就这样落下了帷幕,有点不舍,有点说不出的伤感。通过这次的实习社会实践,我觉得在这个充满挑战性的社会中我还需要充实自己,磨炼自我!当今社会,要的就是技术和文凭。而我们来自于中职技术学校,没有理由不如他人,而是要做的比他人还要好。今后,不会有人再像老师那样在你做错的时候及时为你纠正了。在未踏入社会之前我总以为我自己很了不起,好像什么事情都难不倒我一样!事实证明,我有很多方面还需要继续加强!无论是学历、能力还是交际,我确实是初出茅庐。实习结束,意味着又要面临着人生的另外一个选择题,是留在公司继续努力还是要另谋高就?在那一瞬间我有点茫然,第一次感觉这么无助和无奈。以前,一切就像是写好的话剧一样,主要人物出现就可以了。现在,变成我是那个写话剧的人,我突然不知道我该从何下笔。身边的家人和朋友都在问我实习以后的打算,我无言以对。茫然、失措、懵懂。作为中职生涯的最后一课，实习不仅重要更有其独特性，正是实习，让我逐渐掌握了怎样把学校教给我的理论知识恰当地运用到实际工作中，让我慢慢褪去学生的浮躁与稚嫩，真正地接触这个社会，渐渐地融入这个社会，实现我迈向社会独立成长的第一步。

　　通过这十个月的实践，我深感自己的不足，我会在以后的工作学习中更加努力，取长补短，虚心求教。相信自己会在以后的工作中更加得心应手，表现更加出色！不管是在什么地方任职，都会努力，自己负责。用姜汝祥博士的话来说就是：从依附型向独立型转变，坚守原则去执行；从服从型向主动型转变，积极主动去执行；从个体型向团队型转变，协同一致去执行；从避责型向守责型转变，承担责任去执行；从封闭型向分享型转变，开放心态去执行。

　　谢谢！我的总结完毕！

成长在国杰

吴多谨 计算机应用 201117
实习单位：海南国杰通信

  首先感谢学校提供实习单位，感谢国杰通信提供实习机会。实习生活马上就要结束了。在实习过程中有很多感悟，获得了很多知识，在为人处事方面有很大的进步，对工作的态度也有很大的改变。

  实习期间，我做了两种不同的工作。第一种是外呼。就是通知用户宽带到期或电话欠费。一开始觉得工作很轻松，过程很简单，感觉不像在实习。因为在我的印象中，实习是件很辛苦的事情。所以我主动向经理提出要求，去做终端销售的工作。终端销售就是销售手机。当然其中也要熟悉很多业务。一开始去，什么都不懂，但是觉得这样才有实习的感觉。终端销售是半天班的形式，时间说长也不长，说短也不短。就是站着，一直都站着，除了吃饭时间都要站着。一开始有点受不了，但还是慢慢接受了。有句话说得好：你觉得你能做你就做，没人逼你。既然选择来这里，就要负起自己的责任。不光是为了自己，也要为了企业。我和同事们相处得都非常好。刚从学校出来，幼稚、暴躁，会经常被上司调教，心里有点不舒服但还是忍了。这是正常人的心里嘛，别人突然骂你，你觉得没有理由当然会很生气。但是后面想想还是算了，毕竟是上司是领导，我们做不到位才会被唠叨。所以我们就要使自己的工作做到位。

  下面我从两方面总结自己的感受：

一、努力学习

  始终把学习作为获得新知、掌握方法、提高能力、解决问题的一条重要途径。切实做到用理论武装头脑，思想上积极进取，积极地把自己现有的知识用于社会实践中。所以在这10个月中我最大的感悟就是我们在学校学的很多理论知识都运用不到社会实践中来,这样的理论和实践就大大脱节了,对于以后的学习和生活不利。同时在工作中不断地学习是弥补自己不足的有效方法。社会在变化,人也在变化。所以你一天不学习,你就会落后。电信的业务很多而且每星期都会有业务培训,代表着每个星期都会有业务推出、业务更新。所以我们要不断地去学习,不断地去了解。学习很重要。

二、以极大地热情投入到工作中

刚步入工作岗位时觉得任何困难都是我能接受的。每天都要拨出很多电话,刚开始耳朵有点难受,不过还是很快适应了。之后觉得我突然对电信有了很多的了解,对业务有了很多的认识。刚开始一回家都会不停地说电信的宽带怎样怎样划算什么的。后面做终端销售工作,对手机也有了很多的认识,面对的客户范围也广了。刚开始客人来买手机的事情我都不懂得如何处理。但还是在不断磨炼、不断接受培训中懂得了如何处理用户的烦恼事,懂得如何去向各类型用户推荐手机,如何去运行一个个流程。现在我很熟悉这份工作,我会以最热情的态度去完成这份工作的。

当然,工作中还存在不少问题。几个月以来,我虽然努力适应了这份工作,但是距离上司的要求还是有差距的。人不是十全十美的,但是要尽自己最大的能力去做到最好。

针对以上存在的不足和问题,在剩下的2个月里我打算从以下几点来进行弥补:

1. 做好实习期工作计划。全面深入地了解公司的各种制度和业务。

2. 以实践带学习,全方位提高自己的工作能力。在注重学习的同时狠抓实践。在实践中利用所学知识指导实践,全方位提高自己的工作能力和工作水平。

3. 踏实做好本职工作。在以后的工作和学习中,我将以更加积极的工作态度和更加热情的工作作风把自己的本职工作做好。在工作中任劳任怨,力争"没有最好只有更好"。

4.继续做好本职工作的同时,为公司做一些力所能及的工作,为公司做出应有的贡献。

  回顾这几个月的工作,感触很深。这几个月在领导和同事们的悉心关怀和指导下,我学到了很多,积累了人生难得的经验和社会见识。黄观妨总经理、王少英经理、莫广裕销售主管、蔡丽萍值班长,谢谢各位。

顾客永远是对的

杨小平　中餐烹饪与营养膳食 201221
实习单位：三亚万丽度假酒店

三亚这个美丽的旅游度假天堂，是我选择的离家还不算很远的实习地点，就这样带着期待与憧憬来到了三亚万丽度假酒店。

刚开始的时候总觉得度日如年，第一次在这里，头一回失眠想家了。现在回想起来，觉得那时候的自己就像长不大的孩子，无厘头又没主见。不过我真的很感谢这次的实习机会，因为它让我改变了很多。以前的我可是内向、腼腆、话少到极点的女孩。这是我家人以及老师给予的评价。但是自从来到这个新环境，结识了新的朋友，我在性格上有了很大的变化，出乎我的意料。渐渐地我觉得自己开朗活泼多了，话也变多了。因为以前的我总是待在自己的世界里，很少与别人接触，也很少接触新的事物，总是让家人担心。新的事物能给人带来新的面貌，就是在这新的环境中，新的朋友改变了我，让我改头换面，有了新的开始。

我被分到了甜满屋，三明治，帕尼尼，咖啡，鲜榨果汁，小蛋糕，曲奇饼干，各类小吃，奶昔，精选茶，矿泉水，软饮料，冰激凌，各类饮品，还有欧式风格的小酒吧，非常的温馨、安静。这里的东西还不算很多，但是第一次接触难免感到生疏和紧张，无从下手。不过这也是一个过程，需要慢慢地、耐心地去熟悉。万事开头难，这是每个人都要去面对的一件事。总会有被骂的时候，总会遇到挫折，但是只要坚持，带着微笑，只要用心，就不怕学不会东西。很快，我适应了这里的工作节奏，一切都很容易和顺利，这让我感到很快乐，很充实。可是很快，我又遇到了一个难题，就是英语。在学校我们学习了很多，但说起来最有用的就是英语了。课本上的英语跟酒店的服务用语差不多，但是那时候的我，没有认真地学习，现在想起来真的很后悔，导致我英语水平真的很差劲，跟外国客人交流很困难。但是我也很荣幸，我的经理和主管知道后，都很用心、耐心地去教我一些简单的用语和对话。经过我的努力，我的英语提高了一些，现在基本上能听懂外国人的对话，当然，这还是远远不够的。

为期十个月的实习生活就快要结束了，回想这次在三亚万丽度假酒店实习的点点滴滴，觉得从中获益匪浅，学到了许多在课堂和书本上无法学到的知识。我总结了以下几点工作理念，用它们来规范自己在工作上的言行举止：①要把自己同领导和同事之间的关系处理好，尽快地熟悉自己所在的工作环境，笑对每一位顾客。②我们的一切出发点是为了顾客，要处处为了顾客着想，顾客就是我们要服务的上帝。③注意形象、服装、言行，举止大方文明得体，要做到一个服务者应该做到的。④在上班之前制订好今日的工作计划，并熟悉酒店里的各项规章和章程，保证上班的工作效率。⑤按时上下班，坚决做到不迟到、不早退。⑥上班时间不能接打电话，做私人事、聊天等。⑦处理突发事件要冷静、理智，从酒店与顾客的利益出发，不鲁莽行事，及时汇报。⑧保证上班时间，服从领导安排，处处以大局为重，维护大局形象。

经过我的一番努力与坚持，我的实习生活将圆满结束，经过这次实践，我真正体会到，在工作中，在真正的社会交际中，顾客永远是对的，你不能掺杂自己的个人想法。①乐观，要以一种乐观的心态去面对每一天的工作，无论工作是繁重、繁忙还是清闲，要用积极的态度去完成我们的每一份工作，而不是因为工作量比例大小而去抱怨，因为抱怨是没有用的，我们更要做的是不要把事情想得太糟糕，而是要保持好的心态面对每一天，因为快乐会使我们觉不出工作的疲惫。②自信，不要怕犯错误。首先自己要有自信，自信不是自夸，而是对自己的能力做出肯定，这样别人才能更加信任你。你要对自己说"我一定能行"，那你就一定能行。③肯努力，我非常信奉一句话："努力就有希望。"

在这几个月的时间里，感觉自己完全成了酒店的一分子，对酒店有了深厚的感情，和一起工作的同事也建立了深厚的友谊。在三亚万丽度假酒店中，我增长

零距离的倾诉

了见识，体验了生活，当然这仅仅是走向社会的开始，接下来要靠自己去面对所有的困难。在社会中，只有靠自己努力地学习，努力地奋斗，给自己信心，给自己加油，用一颗宽容的心去对待事与物才能走向成功的道路。最后我衷心地希望三亚万丽度假酒店能够越来越好。

用积极心态面对自己

冼丹霞　高星级饭店运营与管理 201207
实习单位：三亚红树林酒店

　　嘀嗒、嘀嗒，一秒过去，嘀嗒、嘀嗒，一分过去，嘀嗒、嘀嗒，一小时过去，嘀嗒、嘀嗒，一天过去了，时间过得真快，实习快要结束了。去、留两个字，说得容易，做得难。来三亚实习是非常难忘的体验，我们由学生转变成职业人，是生活角色的转变，突然没有了老师们的呵护，有的却是严厉的批评，没有了同学们之间的关心，有的却是互相之间的较劲。

　　我是在红树林酒店西餐厅里实习，"红树林"不是我最初的目标，但是阴差阳错地面试进来了。我一进酒店就被分到西餐厅，跟我一同进来的还有七个同学，她们来自不同的班级，当我们做自我介绍时，我们就认识了，相处非常融洽，有时想想，有了她们我的工作才有动力。我的工作基本上是站领位，工作八九个小时当中，有可能要站六个小时，虽然站领位很清闲，但脚还是很酸痛。闲的时候甚至站在领位台旁边打瞌睡，真是觉得很荒唐，但也是无法控制得住的事情。后来随着时间流逝，自己成长了，对工作也得心应手了。

　　我每天的工作的内容分为两个部分，早餐时间是询问客人的房号，或抓出一个房间超出人数的叫另外付费，小孩子超出一米二的也是叫埋单，外来客人、导游、团队司机也是叫埋单，这就是我早上的工作。这份工作非常有压力，因为涉及利益方面的事情都非常容易引起别人的不满，但我还是厚着脸皮去叫别人买单，有时候会被骂，但还是没有办法的事情，这就是自己的工作。如果每天都是得过且过地工作，那下个遭殃的会是自己。从开始的被人教，被人骂，到自己学会，在这过程中经历了太多，曾被骂成门口摆设的花瓶、白痴等，被人骂过后心里很难过。有一次，一个外国客人进餐厅用餐，我没问客人房号（因为我记住房号了）让客人进去用餐后，突然，有一个中国客人过来就直接骂我是一个"势利眼"的人。当时我就向客人解释，可客人就是不听我解释，一直认为我是这样的人。无缘无故被骂成这样，心里太难受了，从那以后心里都有疙瘩。同事们一直在安慰我，我表面虽然很平静，但心里却觉得很委屈。从那以后，我时时刻刻都注意着很多方面的事情，比如点单、埋单，拒绝客人的要求时都非常注意，很多方面的工作技巧都是自己在工作中学了，还要不断琢磨才会，而且我也领悟到"在酒店工作的人表面功夫做得好，什么事情都没有"。中午的工作也是站领位，工作内容就是接受客人的咨询，带领客人入座用餐，按电梯等。

　　实习的每一天，工作中遇到的委屈不知道跟谁讲才好，唯一可以倾诉的对象是我妈妈，她不仅是我的妈妈，更是我的好朋友，也是我的开导老师。当客人叫我那一声"服务员"时心里觉得难受又好笑，自己所学的竟然是当"服务员"。每一次跟妈妈讲时，妈妈总会说："没事，习惯就好，每一个人都是一步一步往上爬的，做什么工作都是从基层做起。人不能老想着一步登天，这样会显得这人太不成熟、稳重。服务员只是一个称呼，做什么工作都是服务行业，不就是你服务我，我服务你吗？"过后想想，觉得妈妈说得非常正确，又有道理，就不会那么在意了，一天一天释怀了。曾经，我们主管（也是学长）对我说："不要做什么事情都害怕，害怕只会让自己什么都学不到，勇敢地去做了，得到的会永远比别人多。"所以每一次接电话，点单，客人咨询，我都会积极地去做，不懂就去找经理或主管来解决，没有经理主管在的时候，我就先跟客人道歉，然后再记着，回去询问别人或上网搜索，以免有客人下次再问。工作中，每一次都尽量让自己少犯错误，每天一个目标，使自己成长。

　　实习还剩下几个月的时间，想想自己毕业，是留是走，都不知道。留下来，又觉得自己所学的远远都不够用，特别是英语，当"老外"询问时，听不懂，也说不出，真是有种"哑巴吃黄连，有苦说不出"的感觉。走，但何去何从？自己还在纠结当中，所以想毕业后专攻英语，边学边工作。真是后悔当初在学校里不多学点英语，现在才后悔，有点晚，但只要有心都可以学。

　　实习是一个很好的平台，让我对社会有了新的领悟和认识，只有在现实中经历过，才会明白这个社会是如此复杂，远远没有我想象中那么美好。在酒店实习期间，曾有一段时间，发现自己的想法和处理事情的方式，有点幼稚，自己想什么就做什么，从来不顾大局的，但后来时间让我改变了。在学校里，我只是一张白纸，只有通过实习才能体味社会和人生，在餐饮服务员这个不起眼的岗位上，我能感受到很多社会上的人情事故，有欺骗，有自私自利的人，我在一点点地积累社会经验，学习处世之道，了解人际关系的复杂，这是整个实习过程中最宝贵的一部分。整个实习过程中，不仅让我看到自己好的一面，也将我在各个方面的缺点与不足毫无保留地放大出来，从而让我关注自己从不曾注重的东西。显而易见，餐饮服务的工作量是很大的，而且，当酒店接待重要的VIP客人用餐时，站领位的我必须认出来，带领客人入座。经理总是千叮咛万嘱咐，在耳边念着"注意，注意，眼睛给我放大点，不要错过每一个客人，每一个VIP"，他根本不容你有一点疏忽。不得不说，耐心和细心是酒店每一个员工都必须具备的东西。虽说酒店里的工作天天都是千篇一律，周而复始的，但是，由于接待的客人大多都是从全国各地前来度假旅游的，因而，可以感受到不同的地域有不同的气息，当然，来旅游度假的多是海内旅客，所以异国气息甚少。也许，在外人看来，餐饮工作很简单，收收盘子就行，事实上，这工作要注意的细节很多、很复杂。

在这说长不长、说短不短的十个月里，我发现要做好一项工作，心态必须调整好。无论工作是多么辛苦还是多么清闲，要用积极的态度去完成我们的每一份工作，而不是抱怨。当自己犯错的时候，要想尽办法去弥补自己的过失，而不是逃避。作为一个初出茅庐的新人，我在工作中难免会有犯错的时候，好在经理鼓励我，同学们安慰我，而没有受到太多的责怪，这让我非常欣慰。感谢妈妈告诉我，不管在哪种环境下，要记住三点：一、勤快，二、学会忍耐，三、不耻下问，这三句话，我一直都牢记在心里。实习快要结束了，这一段令人难忘的日子，有欣喜，有汗水，有苦涩，很难用一言两语说清楚。这十个月是短暂的，但过程却是漫长的，我要好好地总结归纳一下，将自己的不足之处进行加强，重新整理自己的信心，迎接新的开端。

通过这次实习，我学到了很多实际的东西，而这些恰恰是在课堂上学不到的，以后的时间里，我还将继续边工作边学习。这次的实习为我以后的工作奠定了一定的基础。最后，很感谢学校给了我们这么一个好的平台，也感谢餐厅的经理同事，从他们身上我学到了很多。在工作中与客人的交谈，也让我知道了很多的现实，我也知道了自己想要的是什么。每一个实习生都是像我们这样走过来的，我们一直以来都在不断地进步。以后的工作如何，谁也说不清楚，但是我知道，只要自己去努力，去争取，那么就一定会得到自己想要的！

实习培养了我的服务意识

符芳兵　高星级饭店运营与管理201210
实习单位：三亚红树林酒店

根据教学计划的安排，8月1日我们被分配到红树林酒店实习。十个月的实习，让我感受很深，认识很多，收获很大，切身体会到工作的辛苦、社会的复杂、实践的重要和读书的必要。实习期间，我认真结合书本知识，严格按照学校的安排和计划一步一步进行，并按照酒店领导的指导慢慢地开展工作，努力地学，积极地做，掌握了酒店的基本营业程序，了解了酒店的日常操作规范、饮食习俗、餐桌礼仪规范，切身感受到标准化服务和个性化服务的必要，同时也对餐饮行业有了初步的认识。我深刻认识到学习和实习的紧密结合，不可分割，学习和实习同等重要。

实习主要是为了让我对所学专业知识在实际中的应用有一定的感性认识，从而帮助我将在酒店管理课堂上所学的理论知识与实践经验结合起来，为日后课程的学习打下良好的基础，也为日后的就业做铺垫。

刚去酒店时，对那里的一切都很陌生，经理对我们很热情，态度和蔼，鼓起了我适应环境、战胜困难和挑战的信心和力量。领导的耐心教导、同事的热情帮助激励着我、鼓舞着我，尤其是发自内心的那种想及早进入社会的心情是我适应酒店、适应生活、努力学习的动力和源泉。根据工作的需要，我被分到备餐间学习。当时我心无杂念，尽头十足。酒店采取一带一的方式，从慢慢地认识大厅的台号，备餐间的位置，到练习托盘，熟悉菜名，我们一点点，一滴滴，一天天地反复记忆，不耻下问。到了最后就是整个备餐的基本管理、运作流程，我都了如指掌。但是随着时间的推移，理论和实践慢慢结合，我们渐渐发现了酒店的某些不足，也深感酒店人对我们中专生歧视的痛苦和无奈，因此和酒店的部分领导也有过理论上的辩论。尤其是工作安排上的不公平和心理上对我们的偏见，我们非常不能接受。两个月过去了，出于学习的考虑，我们开始积极主动地申请换部门学习。但因酒店的立场和我们的立场不同，利益点不同，因此进行过正式的协商后，酒店给了我们一个部门交流学习的机会。

部门交流学习的机会给了我们之后，我于9月进入了泰餐厅，一个新的部门。这里的各级领导对我们寄予厚望，让我们的工作信心很大。刚进泰餐厅，就是一连几天的服务操作技能培训，从理论到实践，从摆台铺台布到餐中服务规范，毫不保留地告诉了我们。每天的培训都是利用休息的时间，很辛苦，但我感觉很充实很满足很高兴。笔记一页又一页，看了很有成就感，由衷地感到自豪。通过半个月的观察，进入泰餐厅的我感觉上手很快，进步很快，耐心的工作没有给酒店的声誉抹黑，但是由于语言沟通的障碍，在生意繁忙之时不能够沟通顺利，因此也造成过工作上的小小失误，领导都包容了。一个月的泰餐厅学习之后，工作越来越得心应手，生活环境也适应了，对于摆台、看台等这些基本的工作分配情况和班次的安排及运作开始慢慢了解，慢慢懂得。我学会了怎么样推销，向客人推销什么，知道了时令菜单的作用非常重要，对于一些餐桌礼仪及上菜顺序也都能顺其自然地正常操作。

对于一个酒店来说，服务是形象之本、竞争之道、财富之源。对于从事酒店业的员工来说，培养优质服务的意识更为重要。实习这一个多月，确实使我们的服务意识有一定的提高。多站在客人的角度，为客人的利益着想，是最基本的要求，也是提供优质服务的来源。于细微处见精神，于善小处见人情，酒店必须做到用心服务。细心观察客人的举动，耐心倾听客人的要求，真心提供真诚的服务，注意服务过程中的感情交流，并创造轻松自然的氛围，使客人感到服务人员的每一个微笑，每一次问候，每一次服务都是发自肺腑的，真正体现一种独特的关注。客人并非职业人，而是追求享受的自由人，且是具有优越感的最爱面子的人。所以，其往往以自我为中心，思维和行为大都具有情绪化的特征，对酒店服务的评价往往带有很大的主观性，即以自己的感觉加以判断。

在服务中，微笑是最生动、最简洁、最直接的欢迎词，也是最好的"武器"。

有时候面对比较不讲理的客人，不要试图去和他理论，而是要用你的微笑和耐心去打动他。事实上，人非圣贤，孰能无过，客人并不一定总是对的，但是只要克服了"想不通"和"心理障碍"，把客人放在第一位，自觉、热情地为客人做好服务工作，也就把客人当成了"上帝"，客人也能得到满足。在同事关系上，微笑也是最好的交流工具，有时一个会心的微笑可以消除彼此的陌生感，拉近同事间的距离。

为客人提供个性化的服务，关注每一位客人的需要，尽量满足他们的需求。实习期间我努力做到：看到客人带有小孩子，马上拿来宝宝凳和宝宝碗，方便客人及小孩用餐；看到客人把外套披在椅上或者把手提包放在椅上，立即帮客人套上西装套，这样既保证客人的财物安全也使他们更放心用餐；为衣着少的客人拿来披肩，使他们感到温暖……许多事情都很细微，但是用心去做好后，总能使客人非常满意，露出赞许的笑容。

记住和使用客人的名字，特别是常客的名字，可以使客人感觉到自己受重视，从而提高他们的满意度。很多东西以前在书上学的时候只是知道大概，真正用到的时候才知道它的重要性。理论和实践相结合，这也是学院安排实习的初衷。

实习是我们了解社会，真正走进社会的一个途径。在实习中，我们要处理好不同的关系，上下级之间的关系、同事之间的关系、与客人之间的关系等，完全不像我们在学校那么简单和直接。这时候调整好自己的心态就很重要了，在酒店里面受很多的约束，每天干那么多体力活，有时还要"忍气吞声"，的确挺磨炼心境的。但是走过了，经历了，心境也就开阔许多，看待问题的角度会更切合实际。

实习告一段落了，这次实习使我们对酒店有了进一步的认识，也培养了我们的服务意识，学到了许多书本上学不到的东西，对我们今后的择业有一定的帮助。

开启列车出发

胡春芳　高星级饭店运营与管理201206
实习单位：三亚万丽度假酒店

"实习"，多么简单而又熟悉的字眼，随着时间的流逝，它已慢慢地接近了尾声。相信每个人的收获都是沉甸甸的，往事依旧历历在目。一切仿佛还是昨天。昨天的我们是那么的青涩，昨天的我们是那么的无知，昨天的我们是那么的迷茫。如今，我们发生了潜移默化的改变。现在的我们成熟了许多，现在的我们融入了社会这个大家庭，现在的我们更加明确自己的目标。社会这个大熔炉，它既可以磨炼人也可以改变人，主要取决于自己用什么心态去面对，把握好了自己将受益匪浅，虚度了将荒废青春。经过洗礼后的我们不同于从前，从而证明了一点，"过去不等于未来"。

当初在学校自己是何等的优秀，到了企业中，如果不把自己归零，就不可能摄取其中的精华。这就是我自身的经历，我一直认为自己在学校表现得很好，到工作岗位中也可以发挥得淋漓尽致，但是现实告诉我，我错了。就因持有这样的心态，自己在岗位中屡次犯错。西餐厅的迎宾并不好当，很多东西需要自己去挖掘，没有人会一直在背后推着自己前进，"在下雨天，没有伞的孩子一定要奔跑"也就是这个道理。我们如果不努力，没有人会陪我们停留在原地。

我很庆幸自己选择了三亚万丽度假酒店，再细一点就到了我们的第二个家——西餐厅。这个小家庭给我带来了许多的收获、欢乐以及心酸。我享受欢乐的同时也享受着心酸。含泪播种的人一定会含笑收获。生活是多元化的，工作也一样，有顺利，也有坎坷；有快乐，也有苦涩；有成就，也有失败。点点滴滴构成了一道道亮丽的风景线。

记得起初刚接手领位的工作时，经常碰壁，有时甚至想放弃。但是我还是及时调整好了心态。因为没有通往成功的电梯，所以我们只能选择走楼梯，并且要脚踏实地。"迎宾"在大家眼里就是带位这么简单，但看似简单的其中却蕴含了许多，若能将其中的道理转化为自己的，将终身受益，藐视它，则会错过通往下一道门的机会。迎宾员可以在引领客人的同时，留心去观察，观察这位客人，预见客人的需求，揣摩客人的心理，把握好这一点，我们服务起来就方便得多。比如，从客人一进门就发觉这个客人有点虚寒，可以推荐客人坐外场，避免坐里边吹空调；然后，在为客人点餐的时候事先上杯温开水，接着为客人上热毛巾，在客人点菜的时候可以推荐他点当天的例汤，一方面进行巧妙推销，另一方面客人喝了这碗汤也会感觉身体暖和了许多，从而感受到家的温馨。当迎宾可以学到如何制作各种电子表格，其用途还是比较广泛的。还可以学会打印、复印、彩印、过塑等各项技能。在语言沟通能力方面也会大有提高，尤其是英语口语。当迎宾还要注意很多，如何带位，注意接听电话的礼节，如何接受预订，掌握酒店的动态及发布的各项重要信息，然后在开会时与大家分享等。在这个家里，每个人都在为自己的理想打拼着，大家齐心协力完成早餐服务的工作，把服务做得更加到位，让客人感受到宾至如归的感觉。把每位客人当成自己的亲人，给予无微不至的关怀及服务。午餐和晚餐的服务也是一样。高效率的翻台速度，接待将近八百位客人都已不成问题。感觉自己越来越喜欢这个家。里面的大哥大姐，教会了我们好多，从他们的身上我们也学到了许多无形的东西。他们为人处世的态度、吃苦耐劳的精神时刻影响着我们。我一直在努力地向他们学习，从他们身上吸取经验。我在工作中一直抱有一种心态，那就是我们是"Leaner"，而不是"Worker"。我们要学习更多的东西，丰富自己的阅历，加强自己的心理素质。只有这样我们才会进步，才会离自己的目标越来越近，只有这样我们的未来才不是梦。我认为每个人的收获并不是一两页纸就可以阐述得完的，所以说很多东西需要自己亲身经历了，才会明白其中的酸甜苦辣。正因为如此，实习真的有必要，它是我们职业生涯的起步。正因为这次实践才见证了许多，并不是我在校很平凡，实习也就一样平凡，并不是我在校很优秀，出来实习照样可以胜人一筹。只有铲除那些所谓的杂念，摆正心态，我们才会在实习这趟旅途中发现更美

的风景。

  最后,感谢开启这趟列车的海口旅游职业学校,感谢酒店给我们提供这么多美丽的景色,还要感谢一直陪伴在我们身边的带队老师。因为有了你们,这一路走来满是美丽的风景。即使下过一些毛毛细雨,但是一切都已雨过天晴。这段经历将在我人生中留下美好的回忆!

机场实习报告

吴子龙　航空服务201201
实习单位：海口美兰机场

本次实习的目的主要是熟悉空管工作岗位的工作情况，通过实习将个人在学校所学的知识与实践紧密联系起来，在实际的工作观摩中进一步扩大专业知识面，进一步加强专业知识的巩固。具体来说，要了解机场的规则，观摩管制员指挥工作，建立对机场管制工作的整体概念，初步了解报告室的业务情况。并要在实习结束后，总结个人的实习感想心得。

12月20日，我们开始了为期六个月的实习生活，这六个月的学习和生活是我们对工作单位的初步认识和了解，是我们对未来的尝试性接触。机场空管站给我们的第一感觉就是像家一般温暖，领导们对我们的照顾虽不能说是无微不至，但还是非常周到，其他前辈对我们也相当热情。在第一天里，综合业务室的罗主任就对我们强调了空管站的人文精神"协作、奉献、严谨、创新"，刚开始我们还不能领悟这八字箴言的含义，通过六个月的实习生活，在观摩和学习中我们充分体验到了一位管制员的责任和使命。

我们的实习生活分为两个阶段，第一阶段是塔台实习，第二阶段是报告室实习，每个阶段时间为两周。

按照分配，我们开始了塔台实习。第一次上塔台的感觉很奇妙，充满好奇却又小心翼翼。充满好奇是因为一直对这个神圣的地方充满向往，小心翼翼是因为怕干扰了前辈们的工作。塔台顶层是管制员工作的地方，四面环绕着落地玻璃，对附近所有的一切一目了然，能见度好的时候更是能看到好几公里外的地方。梁主任给我们做了有关塔台的简单介绍，并交代了接下来六个月的任务。在一个月内，我们要对塔台各个席位进行了解，观摩管制员的指挥工作，初步了解机场的本场概况，并且接受三天的模拟机培训。

空管塔台高约七十六米，这个高度在全国的塔台中来说并不算高，但塔台的设备十分先进，据我了解，是目前全国为数不多应用电子进程单的空管单位，这样的高端科技有助于提高管制员的工作效率，使空域的使用更接近最优化。另外，电子进程单使用方便，通过一段时间的观摩，我们都学会了简单的操作。塔台的主要工作席位有三个，放行席、地面席和塔台席，另外还有一个监控席是由带班主任出任的。虽然塔台的工作不如进近或者区调的工作繁忙，但重要性却不比进近或者区调的要轻。放行席、地面席和塔台席三个席位各行职责，每个席位都是不可缺少的环节，固然是可以合并席位，但一般只是深夜航班少的时候才会合并席位，席位的分工能够有效地减缓管制员的压力，提高工作效率。在岗的前辈们都能很好地发挥协作精神，使每天的航班有条不紊地进场离场，体现协作精神在工作的协调和合作上的重要性。塔台目前每天指挥的航班量约为570架次，在全国排列第四，如此繁重的流量对管制员来说是重大的任务。尽管如此，这里的管制员都是出类拔萃的精英，对付起这繁重的任务来游刃有余，在应付特情的时候也沉着稳定，及时果断地做出妥当的决定。我从心底羡慕和佩服这些前辈们，希望自己能尽快投入工作岗位进行学习工作，有一天达到他们的管制水平。前辈们的英语水平在全国管制员中都是拔尖的，空管站的专业英语通过率在全国排名最高，觉得自己是多么渺小，继续学习和进步是我的目标。八字箴言的精神时时刻刻在管制员的工作中体现。我们还进行了对本场规则的学习，主要是熟悉场面滑行道和停机位。这个任务看似简单，但只有站在管制席位旁边通过亲身体会才能更加有效地加深记忆。培训的最后三天里，我们被安排与几个前辈一起进行地面席的模拟机培训，这是一套单位自己研制开发的培训软件，虽然我们只是辅助前辈们进行培训，但从他们进行的陆空通话中，我们意识到我们还有很多有待改进的地方，学习和积累将会是我们首要的任务。

通过对实践的观摩，才发现自己离有能力拿话筒这一步还很遥远。实际工作更需要的是工作经验的积累，更多的问题要在实践中才能提出和解决，知识运用于实践从而再得到更多的认识。

实习中还发现，身体是管制员的本钱，除了工作外，单位还会经常组织不同的文娱体育活动，譬如篮球赛、足球赛、羽毛球赛等，这都是为了增强管制员们的锻炼意识。曾经听很多人说过管制员的生活是很单调的，其实并不然，通过这段时间的体验，我们发现管制员的生活不仅并不单调，而且还很有意义。譬如站里会经常组织义工工作，虽然自己并没有参加过，但从以往的资料照片中都能体会到那份心情。

六个月的实习生活，让我有机会亲身体验了一线管制员的工作状态，将自己在校所学的知识与工作实际联系起来，最重要的是发现了自己很多方面的不足之处，还需要更多的努力才能踏上一线管制员的台阶，而且这个过程将会是个艰辛的过程。临走前杨主任在给我们的训话中，再三强调我们回校后要注意三件主要事项，注意身体、保证毕业、继续学习。这也是单位对我们唯一的期望，希望我们能很快地融入工作中去。

我们能有这次意义丰富的实习，首先要感谢学校的领导老师帮我们悉心安排。还要感谢深圳空管站对于我们这次实习的大力支持，他们热情接待，细心地为我们安排食宿，悉心的培训，无私的教导，这一切都让我们深深感动。

闯出一片天地

徐 晶 高星级饭店运营与管理 201205
实习单位：三亚红树林酒店

岁月如梭，韶光易逝。

日子像念珠一样，一天接着一天滑过，串成周，串成月，转眼到了又一年年初。回顾过去的一年，我取得了一些成绩，有过高兴与苦恼的事，经历了生活的辛酸苦乐，在工作态度上也偶尔迷失方向，走了点小小的弯路，但我坚信：昨天的苦与乐、成功与失败终将成为过去，今天的努力成果才是我最大的收获。

（一）态度决定一切

有时候一个人被工作淘汰，并不一定是这个人没有完成这项工作的能力，而是他不能够胜任这项工作。他对待工作的态度也许不那么兢兢业业，也许是得过且过，这和能够很漂亮地完成工作始终是不一样的。以收银为例，收银工作是酒店的一个窗口。收银工作中的服务质量和工作质量是每个顾客最为关注的一方面，特别是对酒水及打折菜价的计算来不得半点马虎，计算出现差错不但会让顾客对我们收银人员的工作产生不满，而且会对整个酒店的信誉持怀疑态度，从而影响酒店的口碑和生意，引来一连串的不良后果。在工作中，虽然我只是充当一名普通收银员的角色，但我的工作也绝不仅仅是收钱那么简单，其中也有一系列的复杂程序。在这半年的工作中，我发现要能自如地做好一项工作，无论工作是繁重、繁忙还是清闲，都要用积极的态度去完成我们每一天的工作，而不是因工作量比例的大小而去抱怨，因为抱怨是没用的。我们更要做的是不要把事情想得太糟糕，而是保持好的心态面对每一天。

（二）细节决定成败

工作中有各种各样需要注意的方面，这些方面看似微小，稍有不慎，却会导致结果迥异。在顾客结算完之后，帮助顾客积好分，就是一个很重要的细节。不要以为该项工作是最容易不过的，往往由于该项工作做得不好，而使顾客扫兴而归。积分作业的控制程序是：先选好一个台，然后点击它，方框弹出来后，把积分卡放在感应器上，看顾客原有的积分，再放在感应器上感应一次，分就会积上去，然后核对客人的个人信息是否一致，是的话就行了；但保健卡不与其他推广活动折扣同时使用，有这种情况，我们要用抱歉的态度对客人说明，请客人理解，给顾客留下好的印象。再如，需注意离开收银台时的工作程序。离开收银台时，要将"暂停收款"牌放在收银台上，把门关上，现金全部锁入收银机的抽屉里，还有餐券、发票等重要物品要锁好，钥匙必须随身带走或交值班长保管，将离开收银台的原因和回来的时间告知顶班的收银员；离开收银机前，如还有顾客等候结账，应以礼貌的态度请顾客排其他队，并为等候的顾客结完账方可离开。酒店对于相关的工作流程大部分已经规定得相当详细，我们不能因为对本职工作熟悉而无视工作规程，以致因为细小方面的差错给酒店以及自己带来不必要的损失。

（三）永远保持微笑

每天我们都会遇到不同的客人，不同的客人有不同的脾气，针对不同的客人我们应提供不同的服务，因为这一行业的宗旨是"顾客至上"。面对顾客，脸上要始终面带微笑，提供礼貌的服务，要让顾客体会到亲切感；即使在服务工作中遇到一些不愉快的事情，如果我们依然以笑脸相迎，那么再无理的客人也没有理由发脾气，所谓"相逢一笑，百事消"，这样一来顾客开心自己也舒心。

虽然我只是普普通通的一个收银员，在别人看来是那么微不足道，但我却积累了很多。作为收银员，不仅要认真细致，为顾客提供优良的服务，还要努力学习，提高自己的业务水平。如认识各类信用卡，识别人民币及其他各种货币，熟练掌握各种刷卡工具、银行终端的使用等。

收银员，只要坚持不懈地朝着自己的目标奋斗，才能闯出自己想要的一片天！

相信我，我可以把它做得更好，谢谢领导的赏识，我热爱这份工作，我要把它做到最好。

笨鸟先飞

王　胜　高星级饭店运营与管理 201205
实习单位：海口明光海航大酒店

时间过得快吗？我不知道，我只知道在这里的每一天都让我觉得度日如年，但是一眨眼我们就要实习毕业了。你说时间它过得快还是慢，那只有自己心里最清楚了。

记得我们是在 8 月 1 日来到这个陌生的地方的，当时是带着自己的梦想来到这里的，现在我的梦想虽然没有实现，但是我在这里学到了好多知识。

来到这里实习我才发现上天对每一个人都是公平的，因为有失就会有得。来到海航酒店半年多了，在这半年里我到过三个岗位实习，同学们都说我很幸运，因为酒店的三个第一战线都被我去过了。现在就让我来和你们分享一下我在部门学到了什么吧！

我到的第一个部门是客房部。来到了客房部才知道，客房部没有自己想得那么可怕。刚开始我们主管就和我们说等我们会做房了，我们就要达到一天做十三间房的标准，当我们听到这消息时脸都拉下来了，总是在后面说那怎么可能，那根本就是折磨。但是当我们慢慢习惯了做房，就觉得做到主管说的那样也不是一件特别困难的事情了。在客房部的那段时间里虽然每一天都有繁重的任务要做，每一天都会遇到各种不同的困难，但是我还是觉得自己每一天都过得很充实很快乐。因为每一天遇到的困难对我来说都是一种考验和一种收获。没事时还可以听领班们谈工作经验和她们的心得故事，听了她们的工作故事，我从中学到了很多知识，也懂得了很多道理。领班常和我们说的一句话是，做房其实不是一件很困难的事情，只要你细心就可以把房做好的。我觉得领班说得没有错，做房就是要细心和快，按照程序走就不会出错了。在客房快乐的日子就这样一天一天度过了。很快就要面临我在客房最大的考验了，那就是换部门，因为在客房的时光太快乐，所以听到我可以换到我喜欢的餐饮部门时，我考虑了一下，本想留下来的，但是又因为自己的某种原因，最终我还是选择来到了餐饮部。

就这样我又来到了我的第二实习部门餐饮部。本以为自己来到了一个陌生的地方，自己会很不习惯，但是相反，我很快就融入进了这一个部门里。有可能是因为我去的时间正好是她们需要人的时候，所以没有多久我就和她们都相处得很好了。虽然我去的时候正是餐饮部最累的时候，我想过放弃，但是我还是坚持下来了。因为我在想为什么同学们都可以坚持我就不可以坚持，就因为有这样的想法我走到了现在。在餐饮部时我用到了老师教给我们的理论"三轻四勤"，在餐饮部让我印象最深的要算是林哥了，因为我刚去的时候什么都不懂，是他那样有耐心地教我，所以才会有餐饮部的我出现。在餐饮部我认识了好多的同事，从她们身上我学到了很多以前不懂的知识，也从她们的身上学到了坚持就是胜利这一个道理。当我觉得我会一直这样充实地走到毕业时，老天又和我开了一个玩笑，我把脚扭伤了，不可以站太久，要不脚就会痛。因为这个原因，我又要和我熟悉的部门说再见了。

我再一次来到了一个陌生的部门，又再一次地要去熟悉新的部门，那就是我的第三个实习部门前厅部。因为是突发情况，所以我没有做好到前厅部的准备。就因为这样到了前厅部我觉得自己不能胜任这份工作，所以这份工作让我觉得做起来很吃力很累。以前的部门再累那也只是身体累，而现在的部门正好是相反的，是心累脑累。因为在前厅部要记的东西很多，要会英语，正好自己又是那种记忆白痴、英语白痴，所以才会觉得担任这份工作很吃力。不过没有关系，因为同学们都在背后支持我，为我加油为我打气，所以再苦再累我也要坚持下去，因为我不想让她们对我失望。人们常说笨鸟先飞，所以我就要当那只笨鸟，我笨所以我先飞，我相信我只要付出努力，总有一天我一定会赶上她们的，不会让支持我的她们失望。加油！加油！加油！

| 笨鸟先飞 |

　　实习就要结束了,虽然实习中遇到了许多挫折和困难,但是我知道如果没有遇到这些困难和挫折我就不会长大。所以在这里我要谢谢学校给了我这次实习的机会,谢谢我的带队老师一直以来对我的教导和帮助。谢谢你们,因为有你们,我才从一个长不大的小孩变成懂事的青年。

实习的收获

邢赛群　高星级饭店运营与管理201206
实习单位：深圳友和国际海航大酒店

回想起这次实习的点点滴滴，我觉得从中受益匪浅，学到了很多课本上学不到的知识。

8月1日，我来到了深圳友和国际海航大酒店实习。在人事部经过三天的培训之后，基本掌握了酒店概况和海航情况，然后我们被分配到各个岗位，我被分到了中餐厅当咨客。刚来到中餐厅的时候我对一切都很陌生。曾经在学校书本上学过的一些理论知识要真正运用到实践当中去了，不过我相信只要认真对待，就会有意想不到的收获。实习期间，部门主要安排我学习包房、宴会、会议的服务流程；须全面了解对客服务的程序，包括包房的设施设备，怎样跟客人推广我们的餐厅，接受预订、看台、摆台和收台等一系列的服务。在服务的过程中，我由一名在校的学生逐渐成为一名酒店职业人。

记得第一次站在咨客台迎客的时候，当时胆子真的很小，怕说错话不敢去询问客人，又怕带错房间。客人走出电梯的时候，身边的同事跟我说要大胆地去，可我还是不敢。后来同事和主管都说，一定放开自己心中的"怕"，主动去做，最重要的一点就是"勤"，要勤快。下班时，我的脚已经痛得不行了，在学校的时候没有连续站8个小时的。回想起来，在学校周一升旗的那一个小时根本不算什么，校领导说得对，不把自己的身体练强是无法胜任实习岗位的。

很庆幸我们酒店是刚开张的，而8月、9月是酒店的淡季，没有太多的客人，有时间让我们去学习，10月的时候酒店就开始接宴席了。

我们酒店是白金五星级酒店，一般接的都是比较高层的宴会。服务和语言上都是有讲究的，只要稍稍有点不注意就会导致领导对我工作的不认可，在宴会服

实习的收获

务中我们要做到四勤、六快、三轻、四声。12月、1月的时候接连都有宴会，都没有一天停下来让我们喘口气，都是从早上一直上班到晚上12点，有时候还有深夜一两点才结束工作的。记得有一天晚上，宴会客人很晚才离场，好像是12点才走完的，客人走后我们还要翻台摆台，当时我差点就坚持不住了，那是下班最晚的一天。

时间过得很快，春节很快来临了。这是我第一次在外地过年，身边没有父母没有兄弟姐妹，但有同事有酒店的领导。除夕那晚我们中餐厅几乎爆满了，由于中餐厅的服务员较少，看包房的人手不够，主管就安排我自己独立看一间包房，当时我就想主管是不是太相信我了，所有的咨客当中就安排我看台。在客人来之前，我缠住一位领班，问她看包房应该注意什么，领班跟我说其实看包房和宴会是一样的，不同的是宴会旁边还有邻桌，而包房只有你自己而已，前阵子宴会那么忙你都熬过了，现在就一间包房，按正常的服务程序去服务就可以了，相信自己可以的。听了领班的话我自信了很多，就回了我要看的包房做准备了。不久客人就来了，是一家人，有爷爷奶奶、爸爸妈妈、叔叔婶婶、弟弟妹妹，看到他们我就想家了，我用工作的忙碌来让我暂时的忘记。给他们派热毛巾、问茶等，还好除夕夜的客人是提前过来订房的，菜单都是安排好的，就免了叫领班来点菜了。这次服务很顺利，客人很快就用完餐了。除夕夜的客人走得都很快，那天晚上我们下班很早。但我下班洗好澡却睡不着，躺在床上翻来覆去，12点到了，外面的鞭炮声噼里啪啦地响，好想好想家，我马上打电话给妈妈，电话一通我就叫"妈新年快乐"！那晚就和妈妈在通话中度过！妈妈真好！

实习的日子快结束了，这次酒店实习是我的第一次专业见习。总的来说，在这些日子里自己确实学了不少的东西：除了了解餐饮的服务和技巧，也学会了如何调整自己的心态，如何处理好自己的利益和酒店的利益，如何处理好同事之间的人际关系，如何与顾客打交道；更让我认识到作为一位服务人员应该具备强烈的服务意识。更为重要的是，在这次的实习工作中，我深刻地体会到了工作的辛苦，父母供我上学读书的钱是来之不易的，他们是辛辛苦苦赚来的，我不能白白浪费了父母的血汗钱。我还明白了自己以后的学习方向和重点，我要战胜我自己,我要跨出属于我自己的第一步。不管以后遇到什么样的困难,我都不会害怕了,因为我相信自己。

最后感谢带队老师的帮助,感谢深圳友和国际海航大酒店给我提供这样难得的实习机会,在此祝酒店越办越好、生意兴隆、财源滚滚;祝海口旅游职业学校越办越好、教出人才、快出人才、多出人才!

成功的基础是细致和踏实

李可心　高星级饭店运营与管理 201307
实习单位：深圳友和国际海航大酒店

"一分耕耘，一分收获；一分付出，一分回报"。经过大半年的实习工作，我学习到许多值得学习和借鉴的东西，希望能和大家一起分享。

学校和酒店是两种不同的社会环境，从没有出过远门的我对外面的世界充满无限的期待和渴望，虽然外面的世界对于我来说是复杂的，但是我还是选择了在深圳这个繁华的城市和社会上的人接触。社会太大，我们太小。在实习的这些日子里，我见过形形色色的人和事，都是我们在学校里所没有想过和遇到过的。

最初来到这里的我感到很茫然，很害怕，因为这里的一切都不是我们所熟悉的。我们到酒店的时候是酒店准备开业的时候，所以我们一直都没有分配岗位，也没有人顾得上管我们。到后来得知原来招聘时答应给我们的岗位都分给比我们早来的西安实习生了，我们都只能待在客房部。最初的兴奋渐渐就被失望代替了，分配到的工作不是我想要的，待遇也不是我刚开始想的那样，说真的在来到酒店以后我马上有了"回去了，不实习了，大不了不要这个毕业证了"的想法，过了好几天心情才平复下来，抱着拼一拼的念头开始了我的实习生活。

社会就是一个锻炼人的地方，你必须要时刻准备好迎接挑战。就拿我们部门的一个例子来说，春节前的一个月我们酒店接了好多的团队住店，可以说是上一个团刚离店下一个团就入住了，所以我们必须要在最短的时间内将房间打扫干净，这样前台才能够及时地安排房间给客人入住。我们部门的人比较少，所以这段时间里大家基本上都是停休上班的。每个人一层楼，每层楼 12 到 15 间房，所以我们从早上 9 点开始一刻不停地做房，为了争取时间只花 15 分钟吃饭，一天下来都没有时间喝上一口水，只为了能够按时完成自己的工作，可以说每个人都是在超常发挥了。不过这也和我们平时的工作方式有关,因为每天我们的主管会安排一两个人只管做房,每次都会做上个 12~13 间房,所以我们在这样的长期锻炼下已经习以为常了。

实习是一个可以让人在各方面都有所提高的好机会。

首先得到提高的是沟通能力和语言表达能力。因为要面对很多的客人,所以在工作中要注意和客人的沟通方式,问答方法、语气态度的不同会带来或好或坏的后果。刚开始在楼层工作的时候,领班让我去敲客人的门收洗客衣,因为我是第一次做这个工作,所以在敲了门,客人也回应了以后,我声音很小地问客人有没有衣服需要送洗,隔着一道房门的客人听不清我在说什么,直到重复几次以后客人才听到我说的话。在那以后,我就经常开一间空房练习和客人对话,模拟各种对客服务的情景。现在的我在面对客人的疑问时能从容地回答他们了。

其次是提高了社交能力。出来实习工作,人与人之间的关系不像我们在学校时那么单纯,上级与下级,熟人与陌生人,男生与女生,和不同的人交往都要注意细节,使用不同的方式,所以说交往是一门学问。在和上级交往过程中,要注意长幼尊卑,有的领导个性是严肃的,所以在和他交往的过程中就不能太过随便,免得给他造成轻浮的印象。有的领导很随和,平时也喜欢和下级开开玩笑,这样的话我们在与他交往时就不要总是板着脸,但是也要分工作时和私下里。像我们和我们部门的领班关系就很好,工作上她给我们很多的帮助,教会我们很多的东西,在私底下我们一起去玩,去吃饭,没有隔阂。

这次实习工作加深了我与同学们的情感,接近了我与社会的距离,也让自己在工作中开阔了视野,增长了才干。社会是我们学习和受教育的大课堂,在这片广阔的天地里,我们的人生价值得到了体现,为将来打下了坚实的基础。此时此刻,即将面临毕业,我最深切的感受就是,无论从何起步,无论具体从事哪种工作,认真细致和踏实的工作态度才是成功的基础。

实习让我慢慢成长

苏志斌　高星级饭店运营与管理 201307
实习单位：上海唐宫海鲜舫

在还没有离开学校即将踏上实习的旅程之前，向往、憧憬、迷茫，种种思绪涌上心头。直到我选择了上海，我才隐约看到了灯塔在前方。但我没有想到这条路走得是那么的艰辛、那么的辛苦。在实习期间我懂得了许多人生的真理。

初次来到上海这个大城市，心情很激动、很兴奋，可没等心情平复下来我马上就开始上培训的课程，很快就准备工作。心情就被这紧凑的节奏给磨合平静了。当我们各自走向实习岗位时才发现在学校学习的东西是远远不够的，唯独有一点，在学校老师一天到晚在那里教导我们说"做人要怎么样怎么样……"，这些教导变成了我们生活中不可缺少的一部分。我把学校老师教我的做人道理运用在我的实习岗位上，发现只要做人勤劳、能吃苦，再加上自己没有什么架子、性格好、开朗，这样会很受欢迎。我就是这样做到了，慢慢地我觉得我已经和他们打成一片，人和人之间的芥蒂就这样慢慢地淡了。因为城市间的差异，一个人从自己已经熟悉的城市到一个陌生的城市来，适应一个新的环境不是那么容易的。社会存在的客观因素我们是不能改变的，但是我们可以选择接受，选择改变自己。我觉得不管有什么问题存在，只要你是真心地对别人，他们也会真心地对待你，我相信力的作用是相互的。

刚刚到厨房的时候，里面大部分人都是广东人，他们都讲客家话，我这个初来乍到的学生，什么都不懂，再加上语言方面的障碍，我很难融入他们之中。

厨师长安排了一位师傅带我，我的师傅人很好，再加上我比较勤劳，什么事情都抢着来干，慢慢地师傅就很喜欢我，什么事情都教我，我入手也很快。不到一个星期厨房里面的一些流程我大概都摸清楚了。又过了几天，刚刚好是我来上海的第15天，那天我记得很清楚，厨师长和头锅找到我，问我有没有兴趣去做员工餐。那个时候我还不清楚员工餐是什么，不过我心里想，既然厨师长都叫我了，我也不好拒绝。所以我就答应下来了。接着厨师长说做员工餐很辛苦，问我行不行。我说没有试过怎么知道行不行。然后厨师长就在当天晚上下班的时候在厨房里宣布了，让我去做员工餐。这时有几个跟我比较好的同事就问我怎么升这么快，才来几天就可以去做员工餐了，我说我也不太清楚。就这样从他们的话中得知，做员工餐就像做楼面部长那样。我很惊讶，因为学烹饪的都知道，要是被调到员工餐的话，再有机会上升就是可以上锅炒菜给客人了。这次机会能给我，我觉得我一定要努力，不能让厨师长失望。

经过这件事，我工作更加认真。刚开始很多人都觉得我熬不住。因为上一个做员工餐的人才做了2个月就因为工作量大而走掉了。刚好我来了，就想让我去试试。没有想到我现在一做就做了半年多。他们的疑问渐渐消失了，我得到了大家的认可。他们都觉得我这个人很不错，因为不管什么事情叫我，我都会去帮他们。虽然这样有时候在做事方面有一点吃亏，可是我觉得没有什么关系，因为不是有一句古话这样说的吗？吃亏是福！这句话我一直谨记在心。

一转眼实习已经到一半了，马上就要过年了。这是我第一次在没有亲人的陪伴下过年，这个年让我觉得很乏味，没有什么意思。就在孤单的时候，学校竟然让老师大老远地跑来看望我们这些远在他乡的学生，这时我的心里得到了一些安慰，然后觉得还有这么多的同学一起过年，就觉得没有那么孤单了。很快地，在大家的忙碌下，觉得年味越来越重了。

酒店也专门为过年准备了好多的节目和年夜饭。在当天的节目里，很多节目里都有我们的同学，他们展示了在学校里学的特长，跳舞、小品、唱歌等。记得一个小品特别好笑，主要内容讲的是一个小动物三次拔牙的经过，里面扮演医生的两个人分别是我们的同学和酒店的仓库管理员。其中一个人出场扮演小姐，男扮女装的他一出场，全场哄笑。同学们还展现了精彩的舞姿，虽然她们的表演没有电视上那样精彩，可是她们都是利用下班和休息的时候来排练，很不容易。在我们看来，她们的舞姿也不比电视上的差多少。很快除夕就在我们的欢声笑语中结束了。

年过完了！该上学的都去上学了。而我们仍然每天早起上班，晚上拖着沉重的身体回宿舍。年过完了，意味着我们的实习也快要结束了。每个人到这个时候都是很想家的，我也不例外。有的时候休息时都在幻想，想着妈妈做的饭菜，还有老爸每天催着我们吃饭的声音。回想起这些的时候，真的觉得以前是多么的不懂事，每天在家里就知道吃了睡，不然就跑出去玩，从来没有帮爸妈做一点点事情。他们每天忙于生计，在外面奔波劳累，辛辛苦苦地赚钱供我们上学。父母真是很不容易，现在自己出来工作了，才懂得他们的心情。在上海的工资虽然很高，可是去掉电费水费，还剩下一点。有的时候我把钱存下来，多多少少也给父母打点钱回去，让他们买点自己喜欢吃的东西，虽然钱不多，可也是我一点小小的孝心。现在我们长大了，很多事情可以帮父母减少一点压力的时候就尽可能地去帮忙，不再是那种衣来伸手饭来张口的大少爷。

现在算算，到上海这个大城市已经有半年多了。这半年里发生了很多的事情。刚来唐宫这个大家庭的时候，感觉是那么的陌生，懵懵懂懂就进入了社会。刚开始对社会的认识是那样的肤浅，感觉好像什么事情都很简单，没有老师和家人说的那样复杂、那样乱。但是真真正正地在上海实习半年后，会发现很多的事情没有刚开始想的那样梦幻。慢慢地梦醒了，不再像当初那样，像个小孩子整天打打闹闹，很无知。慢慢地发现在这个社会要真正生存下去是一件不容易的事情，需要付出很多努力和汗水。渐渐地我发现自己在慢慢长大，渐渐走向成熟，人生的路还在继续……

迈向理想的第一步

董长源　高星级饭店运营与管理201308
实习单位：上海唐宫海鲜舫

实习，我把它当作迈向理想的第一步。这一步我走得踏实、认真！这条路上有暴风有骤雨，但是都阻止不了我前进的步伐，为了这个理想的实现，我在学校做足了准备。

我走进了理想的唐宫实习，我把这里当作梦想启航的地方。刚来到唐宫，对这里的一切都很好奇，也很激动，因为这里是我第一次正式工作的地方，也是我要工作十个月的地方。我被分配到中厨"打荷"，这个岗位是最基层的职位，但是也是最重要和最不可少的岗位，有很多大师和厨界大佬都是从这个岗位走出来的！这个岗位很辛苦，刚刚来的时候很不适应，觉得在学校学的东西都用不上，工作强度很大，每天都很累。不过慢慢地发现，我比别人学得快很多，这主要是因为在学校打下来的基础。

在当打荷的那段日子，我觉得自己就像蛹化蝶一样慢慢蜕变。这段日子我学会很多，从开始的在厨房扫地，到后来慢慢上锅替师傅炒一些小菜，这期间吃了很多苦，也经历了很多，师傅们教给我做事方法和技术要领，师傅们很好也很可爱，他们每个人都有可爱的地方和学习之处！出来实习，我认为一定要虚心好学！只有勤奋和机灵师傅才会喜欢，一定要勤奋，这一点尤其重要。我一直努力学习他们好的地方，他们也一直在影响着我，也鼓励着我，做了再苦再脏再累的事情，只要能得到师傅一个肯定的微笑，所有的苦累都不算什么！每当师傅拍着我的肩膀时说"小伙子，做得不错。好样的！我喜欢你"之类的话，我心里都会很开心。不过有时师傅也会生气发火，每次我都会认真学习、虚心请教，在师傅发火时千万不要顶嘴！不然后果很严重，有则改之，无则加勉就是这个道理，这一点也是很重要的。

不到四个月，我就被提升到"上升"（Shang za），这对我来说又是一个新的开始。"上升"据师傅说是广东方言，在字面上很难理解，不懂的人可能一头雾水。其实我们每次去酒店吃的蒸鱼、蒸肉和一些蒸出来的菜品都是从这里出来的，同时这里也是接触高档原材料最多的部门，例如燕窝、鱼翅、海参等一些高档原材料和干货的涨发都是由这个部门做的，所以虽然部门不大，也不起眼，但是在厨房里有着至关重要的位置。在这里我学到的东西更加丰富多彩，例如海参、鱼翅等各种海鲜的涨发，河鲜的蒸法，等等。在这个部门我受益匪浅，很感谢师傅对我的信任。当第一次看到拇指大小的海参，涨发到原来的七八倍时，那种好奇好似拿破仑发现新大陆一样！对此我产生了浓厚的兴趣，我也越来越热爱自己的工作。人一生最开心的不过就是每天做自己喜欢的事情。如"经营之圣"稻盛和夫所说，要热爱自己的工作，并付出不亚于任何人的努力，这样才能改变自己，幸福也会随之而来，大大超过你的想象。

在这里，我想把自己的经验告诉学弟学妹们，希望他们少走弯路。每天设一个小目标，每天进步一点点，不断迈向更加卓越的境界。如果你不想做一个社会底层的人，请努力。如果不想做一个平庸的人，请更加努力。想做人上人，请付出全力，竭尽所能。虽然你的努力短时间可能不会被发现，别气馁，要记住金子在沙粒中永远是最耀眼的那一颗！并且一定会发光！努力下去，想要放弃的时候想想自己的理想，对自己说"别人可以，我也可以，我并不比别人差"！脚踏实地持续下去，理想一定会实现。面对前方的路要义无反顾勇往直前，带着坚强必胜的信念，我们一起向远大理想进发吧！

我不再爱月饼

陈辉映　中餐烹饪与营养膳食 201320
实习单位：深圳潮江春酒楼

想起刚步入旅校，想起在旅校的学习和生活，想起和同学们在校园里生活的两年，一起开心一起难过，想起和同学一起走向实习岗位，一切仿佛还在昨天。

在学校的时候我面试的是潮江春酒楼。面试考官问我有没有在酒店或酒楼里面工作过，我说曾经在寒暑假在酒店打工。然后考官问我能不能吃苦，在潮江春实习很辛苦很累。我说能，如果一点苦一点累都坚持不了，我的实习还有什么意义？还不如待在家当啃老族。面试考官又说要先到月饼场包装月饼 2 个月才到酒楼厨房工作，我说可以。就这样，我成功面试进了潮江春集团。

好像很久很久，又好像是一瞬间，我的实习生活马上就要结束了。在实习期间，我开心快乐过，难过压抑过。从我坐上飞往深圳这个城市的飞机的那一刻，一切都变了。没有了父母在耳边的唠叨，没有了在一起十多年的朋友。从飞机降落深圳那一刻起，我将开始我新的生活。就像雏鹰即将离开父母的羽翼往高空展翅飞翔。

来到深圳，我们去了公司的月饼场工作。第一天上班的时候，我们 30 个人先参观了月饼加工间，月饼加工的程序有：制作月饼—烤焗月饼—吹风散热—过机—包装—封箱。我们的任务就是过机、包装和封箱。酒楼的经理把我们 30 个人分成 2 组，每组 15 人，分别上早班和晚班，我被分到上晚班。第一天上班的时候我们只上了 3 个小时的班，让我们熟悉一下自己的工作岗位，我们包装的月饼有豆沙月饼、莲蓉月饼、五仁月饼、蛋黄月饼、芝麻月饼、鲍鱼月饼、鱼翅月饼、燕窝月饼等。

刚开始工作的时候什么都不懂，我们看师傅操作。月饼过机的时候要放保鲜剂，我试着放保鲜剂。我们看师傅放得很轻松，等到我们放的时候放不好了，根本就放不过来。觉得自己不行，一个小时都做不好。师傅安慰我们说他们刚来的时候也和我们差不多，甚至比我们做的还差。这样我们才得到一丝安慰。月饼过机后到包装程序，要把月饼放在月饼模里，然后放进盒子，再放吃月饼用的刀叉及说明书。最后封箱。我们刚到月饼场的时候工作量不大。制作月饼的师傅每天做出的月饼不多，只有1000盒到1500盒，因为我们是第一次包装月饼，还不熟悉工作流程，所以用了4个小时才把那1000盒月饼包装完。五六天以后熟悉工作流程的我们只用了2个小时就包装好了1000盒月饼。经过10天左右的学习，中秋节即将来临，制作月饼已经到了高峰期，有的时候一天要出产7000盒到10000盒月饼，我们的工作量加大了，工作时间从4个小时增加到9个小时，有的时候甚至还通宵。原本轻松的日子没有了。但是我们还是坚持不懈，努力把自己的事情做好。

　　两个月的时间很快就过去了，我们回到了酒楼。我们30个人分别分到了阳光店、南山店、深航店、大中华店。我被分到大中华店。

　　第一天我们不上班，2008届的学长带我们参观了要上班的厨房，向我们介绍厨房的岗位。厨房的岗位有卤水—刺身—堂作—砧板—堡仔—蒸笼—打荷—川菜。第二天正式上班，我们6个人被分到了不同岗位，有的在堡仔，有的在刺身，有的在蒸笼，而我在打荷处。由于第一次进厨房，第一次干打荷，很多东西都不懂，看见别人在忙这忙那感觉自己好像是多余的，很想退缩。厨房老大看见我没事做在发呆，叫我去洗菜，我觉得很委屈，但是想了想既然在厨房里面，洗菜就洗菜吧，没什么大不了。第一天上班就这样过了。晚上睡觉前心里暗自决定，在实习结束前要让他们知道，我在厨房不是一个多余的人，而且要做得比他们好，比他们更出色。第二天上班，我的师兄带着我去认识上菜的碟子和锅煲。不同的碟要放在不同地方，还有跟我说什么菜要用什么碟上，什么菜要用煲上。例如，炒河粉、炒饭要用炒饭碟，炒青菜要用青菜碟，一些小炒要用小炒碟，一些菜要煲装，还有一些菜要烧煲。师兄一边说一边操作给我看，有重复的单他就在一边看，让我亲自操作，我做得不对他就会和我说这个该怎么做，那个该怎做。日子一天一天过去了，我们慢慢融入了自己的岗位。工作几个月后，什么料要在什么岗位拿，什么料放在哪儿，要去哪儿要，上菜的时候这个碟要摆些什么装饰品，要怎么摆，有些单要先上什么菜后上什么菜，这些我们都一清二楚。

  实习马上就要结束了。在这实习 10 个月的时间中我迈出了人生的第一步，人们常说万事开头难，我的第一步做得不是最好也不是非常出色，但是给我的未来打下了良好的基础。我相信对我以后的人生会有很大的帮助。感谢我的实习带队老师，在我有困难的时候给予我帮助。感谢这 10 个月陪伴在我身边的同学、朋友，以及教我的师傅，因为有你们的帮助和支持，我的实习生活才会多姿多彩。

深圳的欢乐之旅

郑海花　中餐烹饪与营养膳食201321
实习单位：深圳潮江春酒楼

　　时光匆匆不再回头，曾经的我总是在时间流逝的时候问自己到底学到了什么。曾经的自己根本不知道到底学到了什么，但是今天，经历过实习生活的郑海花与从前那个不同了。

　　我来到深圳这个新的地方，看到了新的景色，遇到了不同的人，经历了不同的事。我感到自己的生活是由多种颜色组成的。不像在学校里除了黑色就是白色，那么的单纯、那么的幼稚，遇到事情还会有老师帮你解决。现在不管发生什么事都要自己解决了，走上社会真的一切都不一样了。

　　刚踏入这个社会的时候，我是那么的开心、期待，高兴自己终于进入社会工作了，对什么事情都感觉到新鲜。例如，我第一次煎豆腐的时候，我很紧张，害怕自己会把豆腐煎焦了、捏碎了，可是当我煎完了的时候，发现没有我想象中那么糟糕，于是内心无比的开心、兴奋。在我工作的过程中，我跟着领导学到了很多做人的道理，如在遇到什么样的领导该给他做什么样的事，在什么场合说什么样的话。我比以前懂事了许多，我觉得我很满足。虽然每天上班工作都很累、很辛苦，可是不知道为什么就是感觉很开心，可能是在这里我从他们身上学到了很多我以前没有学到的东西，觉得自己再苦、再累都是在品尝生活酸甜苦辣的滋味，是值得的。在工作的过程中我已经习惯了这种工作方式。我坚信，只要努力、勤快、认真去学，就会有收获。

　　有些时候我感觉压力很大，怕自己会出现很多错误，因为之前我从来没有做过，但现在我明白了，如果没有错，我们又怎么能学到知识呢？所以我愿意试着去放下一切的担忧，不管我做得怎么样，不管在什么样的情况下，听从领导的安排，努力去做，为以后的成功打下基础。

来到这里实习我学会了很多，总结起来有以下几点。

第一，我学会了独立。

在这里我学会了独立，不再让父母担心，因为我已经长大了、懂事了。现在回忆起刚来的时候打电话回去跟父母说这里那里不好、想回去，父母听到了之后心都不得安宁了；现在想想就觉得当时自己好幼稚。现在我懂得了，在人生路上，必须经过许多的挫折才会走向成功。

第二，我学会了忍耐。

我学会了耐心地听领导对我的要求，就算要讲一大堆的话我也要耐心地听，注重每一个细节，细心地聆听，留意每一个对我有帮助的环节。在这里越忙时间就走得越快，有的时候真的想放弃，可是我又不想当逃兵，不想当半途而废的失败者，更不想别人用看不起的眼光来看待我，所以我要证明自己一定能够继续努力地奋斗下去。

第三，我学会了面对现实。

踏入社会这么一段时间，相处的人多了，知道现实有时候是残酷的。在这里我懂得了如何面对现实，如何开心过好每一天，当别人对自己提意见的时候，要虚心地去接受。

第四，我懂得了社会生活中人际关系很重要。

自己一个人来到深圳，就觉得身边不能没有朋友，当我工作的时候做得不对或者不懂的时候总会有热心的同事来指导我，现在想想就好像在学校里一样。唉！上学的时候总想着快点实习，可是真正实习了又想回学校上课，在学校的日子真的很美好，不用担心这个那个的，在家里有家人，在学校有老师，上学是一件很幸福的事情。

十个月的实习生涯将要结束，想说的有太多太多，其中的苦与乐、酸与甜都让我体会到生活的不容易。要做出一番成绩，必须要有奋斗的决心，还要有丰富的智慧与足够的能力。最后，我要感谢一直陪伴在我们身边的陈玉晶老师，感谢他陪我们走过十个月的路程，悉心指导我们。

保持淡定、继续前进

童声珠　高星级饭店运营与管理 201306
实习单位：桥头三正半山酒店

　　时间总是在我们不知不觉中流逝，蓦然回首，实习生涯已经悄无声息地度过了一半。仔细想想，这四个多月的时间过得很漫长，有时又觉得很短暂。时间一天一天地过去，我们也随着时间的脚步一天一天地成长着。通过这段时间的实习，我从一个懵懂的孩子逐渐成长为一个懂事的成年人。在实习期间，我遇到了很多挫折、许多不顺心的事，但我还是坚持了下来，以宽容的心态面对一切。

　　还记得五个多月前，我们放下手中的书本，告别了昔日的校园，离开了父母，远离了家乡，怀着激动的心情向十个月漫长的实习生涯出发。7 月 29 日，我满怀期待和同学们飞往我们实习的地方——桥头三正半山酒店，到了那里，我们将要接受十五天的封闭式管理。

　　十五天的培训，点点滴滴的生活，现在回想起来还历历在目。那十五天的培训让我们明白了很多事。培训的过程中有辛酸、有泪水、有汗水，心中有许多诉不完的苦，但是这一切却埋没不了我们对生活的向往，以及我们的欢声笑语，那段日子里我们无比的幸福、快乐，我们用辛勤的汗水和保持向上的心态赢得了掌声，所付出的一切都是值得的。

　　东莞真是一个多姿多彩的世界，这里快节奏的生活方式让我每天过得很充实，我是一个有理想有抱负的女孩，因为我从来不向命运低头，这次出来实习，是我第一次走向社会，面对这个变化多端而又现实的社会，我才发现钱是多么的难赚，以前总是花父母的钱，现在学会了独立，学会了照顾自己。

　　客房服务员这份工作很有挑战性，因为客流量没有规律，客人一来就要入住，要不就是突如其来的退房。上学时，我们面对的是学习上的压力，一大堆的

零距离的倾诉

知识点要背，害怕考试不及格，会挂科，学习一点也不能放松。现在工作后，我们要面对的是工作上的压力，每天做十一二间房，多时至少达到十三间房，在工作过程中，做房做到累了，会偷偷躲着哭。也想过回家，有过放弃的念头，也明白了无论做什么工作都要"干一行，爱一行"。我不知道这四个月来，自己是如何熬过来的，像我们做客房这一行的，一旦哪个地方卫生做得不到位，被客人发现，遭到投诉不说，也会因为我们在工作中做卫生质量不达标而影响客人再次选择我们酒店，为了避免被客人投诉，我们做房时不能马虎，应该要注意细节、注意质量、提高效率，让客人住上舒适、卫生的居住环境。

在这四个多月的磨炼中，有一个字在我脑海里最为深刻，那就是"累"。每天面对着同样的工作、同样的人与事，渐渐有些麻木，但我从不抱怨生活，因为我过得很充实。辛苦工作后带着疲倦的身子回到宿舍，真想躺在舒服的床上睡一觉，但我却没有那么做，因为我时刻都会提醒自己别忘了学习。拿起手中的书本开始阅读，有时练练字，写写日记，生活还是那么多姿多彩。现在的我能够懂得去了解生活，宽容地对待生活。

这个月对我来说，是最疲倦的，这个月不是上中班就是上夜班，夜班真的很难熬，有时因为早上要休息，每天就只能吃两顿饭，不过生活就是这样。自己也没有什么好去抱怨的，调整好心态才是最重要的。虽然这个月很辛苦，很疲倦，但自己也知道了不少东西，有舍才有得嘛。我是个怕黑的女孩，刚上晚班的时候，自己一个人走在走廊上不知道有多害怕，自己都不敢一个人去巡楼，但是慢慢地适应了，就不是那么怕黑了，我想这也是一个人必须经历的成长过程吧。渐渐地我也发现，每个人都变了，长大了，变得比刚来这里的时候更懂事了，时间在一秒秒地流逝，而我们也在每天成长。

距离结束实习不远了，现在我要好好珍惜所剩无几的实习期了，我相信我会走好实习这条路的，不管多么辛苦，我都会坚持下去，不会因为一些小事而放弃。相信只要努力，风雨过后会见到绚丽的彩虹，相信明天会更好！

多做一点，就是向前迈进一步

杨海康　中餐烹饪与营养膳食201225
实习单位：桥头三正半山酒店

俗话说："冰冻三尺，非一日之寒。"成功也是这样，它其实没有什么秘诀，也没有什么可走的捷径，它只是一点一滴积累的结果而已，只要你坚持不懈地从点滴做起，就一定会到达成功的彼岸。

有一个名叫卡洛·道尼斯的职员最初为杜兰特工作时，职务很低，但现在他已成为杜兰特的左膀右臂，担任其下属一家公司的总裁，他之所以能如此快速地升迁，秘密在于："每天多做一点。"他说："在为杜兰特先生工作之初，我就注意到，每天下班后，所有人都回家了，杜兰特先生却会在办公室继续工作到很晚。因此，我决定下班后也留在办公室里，没有人要求我这样做，但我认为自己应该留下来，在需要时为杜先生提供一些帮助。工作时杜先生经常找文件、打印资料，这些工作最初都是他自己亲自来做的。很快，他就发现我随时在等待他的召唤，并且逐渐养成了叫我的习惯。"杜先生为什么会养成随时召唤道尼斯的习惯呢？因为道尼斯主动留在办公室，使杜兰特随时可以看到自己，并诚心为他服务，道尼斯这样获得了报酬吗？没有，但是他获得了更多的机会，赢得了老板的关注，最终获得了提升。

每个人都渴望成功，尽管成功的标准和要求不一样，但要获得成功就必须付出努力。我国著名数学家华罗庚曾说：天才在于勤奋，聪明在于积累。是啊，多做一点就能向前迈进一步。我进厨房已经一个多月了，但是我上班时从没有偷懒过，我一直想着多学点、多做点对我准没错。我上的是两头班，上午9:30—2:30，下午5:00—8:30，我从来没有迟到过，我的规定是提前10分钟到。每天下班后，我还留在厨房做一些还没有做完的事，比如地还没有扫，用过的碗还没

零距离的倾诉

有送到洗碗间、用完的调料还没加等一些事，我做完这些事后又向老员工学习一些我还没有学过的东西，如调一些调味酱等，我还在厨房里练习花刀、片、丝、条、块的刀工技术，有时还练习翻锅，偶尔也会炒一个米粉或炒面，师傅对我也很好，我炒的时候师傅就在一边教我翻啊、炒啊、放味精再放点鸡精加点水等技巧。就这样，一个多月下来，我学到了不少的东西，师傅们个个都很喜欢我，不单是师傅们，还有洗碗间的阿姨们都很喜欢我。知道为什么吗？因为我够主动，不怕吃苦，当我送碗到洗碗间的时候我会将碗分类放好，将一些杂物清理掉再给阿姨们洗，阿姨们说，你那么勤快，那么懂事，又那么爱说话、爱笑，你将来肯定是有名的厨师，我笑着跟她们说："我当上厨师就请你们吃饭。"

下个月我就要自己一个人上夜班了，我为此感到高兴，这也算是我成功的一小步吧！

那些成功人士往往都有一种不断学习的观念，我也在向他们学习，他们认为一些看似无关紧要的知识往往会对自己未来的发展有所帮助。

每天多做一点，也许你的初衷并非为了获得报酬，但往往你会得到更多。每天多做一点，也许从表面上来看没什么，事实上，你每天都在进步。每天多做一点，当把你的潜力充分发挥出来时，你离成功也就不远了。以前我也是一个没有想过那么多的人，但我的一位老师陆振纬陆老师教会了我，他说的一句话是："多做一点就是向前迈进一步。"我感谢他教会了我，让我变得能吃苦耐劳，能每天多做一点，再次祝他天天开心，工作顺利，心想事成！

实习在深圳

陈人柳　中餐烹饪与营养膳食 201222
实习单位：深圳潮江春酒楼

  时间飞逝，我来到深圳已经快到十个月了，回想在学校的美好时光，仿佛是一场梦。

  在学校的时候，总是以为封闭式管理学校是人间地狱。总想着星期五的到来，每天都会期盼下课铃声响起；总想着早上能多睡一会儿；想着和同学们一起打闹，想着什么时候可以离开学校出去外面实习……而这一切的一切都离我而去。我如愿以偿走向我的实习之路，我终于踏上了社会，我成了一个社会人，我将带着在学校学到的一点儿知识来到深圳潮江春酒楼。我总幻想实习就是一段漫长的旅程，如今走到终点，发现这段旅程虽然很辛苦，但是还是坚持往前冲了。

  在这十个月里，我曾经想过放弃，这是我离开家最长最久的一次，思念之情越来越强烈，曾经想过一下子能飞回家乡，但是还是坚持下来了，是同学给我鼓励，给我前进的动力，我想把在厨房学到的东西带回海南，用这十个月的时间来思考下自己，算是在深圳的一次旅程吧。

  在这十个月里，第一个月我得到了我人生中自己赚到的第一桶金，六百三十二元，钱不是很多，但毕竟是自己靠双手劳动赚来的钱，我终于领悟到爸妈赚钱的辛苦，这钱是我用一分钟一分钟的工作时间换来的，我用多少个一分钟才换来六百三十二元钱啊！这是我迈进成功的第一步，也是我人生当中的第一桶金。

  在这十个月里，我见识了深圳这座发达城市，我庆幸选择了深圳，这里多姿多彩的生活让我迷恋，这里的环境非常不错，有我在海南没有见过的那么多的高楼大厦。我充满好奇地摸索着这座城市……

零距离的倾诉

在这十个月里，我收获了很多，师傅对我不冷也不热，可能自身的原因吧，我受不了师傅那些粗鲁的语言，受不了打击，受不了讽刺。但时间一久，我也习惯了师傅的言语，也跟师傅一起开开玩笑，师傅跟我说过："把做人学好了再做事，不把人做好，人就是社会的一颗毒药。"

在这十个月里，我和同学一起渡过难关，我们一起工作，一起开心过，也悲伤过，感觉到身在外地有同学真好。如果把实习看成学习，我觉得它是一段遥远的旅行，刚开始迷茫，随后领略到旅行途中的风景，到最后舍不得走开，让人留恋。

先做人再做事

刘倩桥　高星级饭店运营与管理201309
实习单位：深圳潮江春酒楼

当我提起笔准备写这熟悉而陌生的总结时，我才反应过来，到深圳实习已经7个月了。总结对我们来说是非常熟悉的，可是又苦恼该如何写好！这7个月的生活非常多姿多彩。

还记得我当初来之前，因为没有岗位了，单位把我们安排在传菜部。当时觉得学校欺骗了我们，我们学烹饪的去传菜，是不是很不可思议？不过，也对，谭部长曾经说过，如果实习的岗位没有和所学的专业匹配，那也是很正常的事。来到深圳我觉得我和陈金娜是幸运的，提前进了出品部。我在中厨，陈金娜在点心部。刚来时，一切都那么陌生。所有的人都帮助我，指导我，让我不用怕。我的班主任陈军老师曾经说过：人要不断挑战自己，超越别人，崇尚竞争才能使自己在激烈的竞争中脱颖而出。刚来我什么都不懂，看到他们打荷忙上忙下，我就去帮忙。老师说过勤劳的人会惹人喜欢。不到一个星期厨房上上下下的人我都能叫出名字，我没事做就帮打荷，要么就帮煲仔。煲仔这个岗位是负责煎所有的菜肴，如葱花煎豆干、铁板鲍汁酿豆腐、煎金蚝等，还要负责煲所有的汤菜。就打荷来说那是较难的岗位，摆碟、准备调料，什么碟装什么菜式等都是要记得的，做不好就会挨骂。

我所在的职位比较特殊，是要在客人面前完成菜式的。我的岗位是堂做。堂做也有很多讲究。比如拿一条鱼来说吧！如果客人点一条老鼠斑，我要帮客人灼，鱼本身肉较鲜又较嫩，为了达到口感鲜甜，要防止灼太久，不让鱼肉吃起来失去它的鲜味，但又不能没熟，所以开水和汤的温度一定要掌握好。灼前清水和汤要滚开的，再把火关掉，先把鱼的头尾放入开水里，后将过水的鱼头鱼尾放入

零距离的倾诉

已经调好味道的汤里灼一会儿再捞起；之后把鱼肉用相同的方式重复操作一遍；因汤本身有温度，在上给客人前又需要一定的时间，所以肉不能灼得过火。还有法国鹅肝、日本宫崎牛肉等，煎的时候都需要掌握好火候。

当客人用餐完后，我会问问客人的意见，有的客人比我们餐饮行业的人懂得还要多，因为他们到过很多酒店及酒楼，客人满意了我不会骄傲，客人不满意我就会问原因，听听客人的建议，这样我会增长见识。

每个老师都强调做人，出来实习才知道老师说的是对的。

曾听一个客人说过，情绪会影响人的身心健康，情绪甚至可以左右你人生的成败。不管碰到任何事，都不要让情绪左右你，不要认为自己不可以。在厨房做事，要知道什么该做什么不该做，什么该说什么不该说，不该你做的，做多了只会错，不是你该说的，说多了只会让人反感。如果没事干，最好的方法就是弄卫生，把岗位的卫生弄干净。另外，不要和你的上司闹别扭，从中你得不到任何好处，会拍马屁也是一种生存的方式。如果领导喜欢你，让你去做别人都不敢做的事，你不要胆怯，你要相信自己。世界上没有两片相同的树叶，人也是这样，我们是上帝的宠儿，都是独一无二的，所以我们应该相信自己，勇敢挑战自己。

做人最重要的还有一点，学会感恩。一个不会感恩的人，永远成不了大器。记着那些帮助过你、骂过你的人，因为他们你才会记得你曾做错过的事。我感谢我的父母，他们给了我生命；我感谢我的老师，他们教给了我知识；感谢那些伤害过我的人，他们让我坚强；感谢那些爱过我的人，让我相信人间还有温暖；感谢旅游职业学校，让我懂得了成长。

走进社会，我明白了，你改变不了环境但你可以改变自己，你改变不了现实但你可以改变心态，你不能改变容貌但你可以展现笑容，你不能左右天气但你可以选择心情，你不能控制他人但你可以掌握自己，你不能预知明天但你可以把握今天，你不能事事顺心但你可以试试尽力。

在此，感谢我们带队的陈老师，像母亲一样无微不至地关心我们，像姐姐一样和我们回忆过去，畅想未来和理想，像朋友一样帮我们纠正错误的思想。一个人，如果处理事情的态度正确，便没有什么能够阻拦他实现自己的目标，如果态度错误就没有什么能够帮助他，尽管我曾做过错事，但人无完人，在老师的带领下我改正了过来。

在此，感谢学校领导在新年之际特地来探望我们，感谢宿舍的所有成员。

实习即将结束，我祝所有在深圳潮江春实习的同学，生活开心、一帆风顺、鹏程万里。

实习总结

吕倩婷　高星级饭店运营与管理201208
实习单位：深圳潮江春酒楼

人生是一个永无止境的自我发掘过程。

如果用一个比喻来形容什么是人生，我会说：人生是一本书。你要怎么充实你的人生内容？是让它页页充实精彩，还是让它随着时间平淡腐败？

所以我说：人生的意义在于活得充实，而不是在于活得长久。

在深圳潮江春实习期间，我共担任过两个职务。一是与我在校所学的服务行业有关的服务员工作，二是我从未涉及、也对这行业知识一无所知的收银员工作。

因为在校学过专业的操作知识，所以服务员的工作很轻松就上手了。潮江春的服务工作分为两种，大厅的服务与厅房的服务。大厅散台较多，没有针对性的服务，而在厅房消费的客人，多数是常客和消费高的客人，服务要很细心。我很幸运被分入厅房工作。每一晚每人都要负责一间房，从一间房间被预订开始，到客人消费完毕去送客。我喜欢把所有的事情都准备完了再开始新工作，房间预订了6位客人，我就会把位置摆成8个，以备客人的加减位；把骨碟杯子准备够数，以备客人换杯换骨碟；准备好托盘与毛巾、餐前小食，以备在客人入房后第一时间为客人服务。在服务的过程中，要时常留意客人的眼神动作和表情。有些客人不喜欢说话，但是他有意愿让你为他做某些事情时，会用眼神来示意你，所以要细心观察。有些客人比较讲究卫生，他要将餐具用热水烫一遍才使用，所以为他服务时动作要轻，要特别注意。有些客人比较随和，但不代表什么话都可以跟客人说，所以说话要注意分寸，等等。所说的这些虽然听起来很难，但是只要你细心留意，就会变得很简单，为客人服务的过程中，也会很开心，尤其是听到客人的随口一句"这里的服务真不错",你便会觉得再累再苦,都没关系了,因为你已经得到了认可。

经过5个月的实习生活后,我主动向上级申请换个部门继续实习,因为长路漫漫,要不断地丰富充实自己才知道自己将来更适合从事什么工作,况且学校给了我们这么大的发展舞台,我们要好好学习,学什么我们可以不比别人精,但是无论学什么,我们都要比别人多懂一点。

我的申请很快就被批准了,我被调去了收银部。收银这个部门看起来很轻松,但是想要入门可不是一天两天就能学会的事情。所有涉及金钱的问题都会变成很严肃的问题。因为不是自己所学的专业,所以我要从最基本的开始学起:点钱的手势、撕发票的手势、做报表和使用计算机等。我的心算口算都不好,买单找零的时候要用计算机敲两遍才放心找钱出去,还曾因此遭人笑话,但我自己并不觉得可笑,多算了两遍记忆会更深刻一些。在这个部门我学到了好多,好多自己不知道的知识,比如说,如何识别银行卡、如何使用刷卡机等。有关银行卡的学问很多,每个银行无论有多少种类型的卡,它们都有一个统称,像建设银行是龙卡、中国银行是长城卡、招商银行是一卡通,还有外币卡 VISA、MASTER 卡。还要熟悉这个酒店的菜价菜单,海鲜的斤两要认真对上,买单拆数要把各个部门该得到的利润分给他们,等等。总而言之,收银员的工作就是四个字:认真、谨慎。

在这一批潮江春实习生中,我想我的收获是最多的。服务员的工作让我敢于与陌生人沟通交流,注意礼貌细节,善于观察。而收银员的工作让我了解了这个专业的一些基本操作知识,口算也更快了,做事情更小心认真。为期10个月的实习生涯即将结束,暂不说未来,珍惜自己现在踏足过的土地和方向,珍惜现在的工作和身边的人,珍惜我们的每一天。

沿途的风景很美。人生这本书的实习生涯一页,你把它写充实了吗?

勇敢面对挫折

苏文继　高星级饭店运营与管理201206
实习单位：深圳潮江春酒楼

　　三年的时间即将结束，同时将近一年的实习生活也接近了尾声。时间过得很快，三年的学习生活让我从当初那个迷茫、不知未来的孩子，成长为一个对生活有了目标的人，不会再依赖父母、依赖亲人，最重要的一点是学会了该以怎么样的态度去工作，以什么样的态度去待人去对待以后的生活。以前总感觉自己年龄还小，不需要做太多，不需要承担太多，什么事简单完成就可以了，这次实习让我成长了，看清了自己，每个人都可以完美地完成任务。实习让我真正感受到了理论与实践之间的距离，体会到了理论联系实际的真谛。实习中的所见所闻让我知道自己的知识面很窄很有限，需要更多的实践锻炼。实习，还培养了我观察问题和解决实际问题的能力。

　　刚来到潮江春酒楼的时候，我特别的兴奋，对什么东西都很好奇，这里有和学校不一样的环境，还有这里的流水作业，岗位分明，还有不一样的管理模式。心里想着"这下要好好学习学习了"。就是这样，从开始的不懂，到后面一点一点地熟练，再到后来要面对不一样的人，和不怎么简单的事情。慢慢地感觉自己有些疲倦了，为很多不同的事烦恼着。再然后呢，就是麻木了。但在这整个过程中，我有很多感想，思索着形形色色的问题，有的得出了结果，有的却绞尽脑汁都没有找到正确的答案。后来呢，干脆就什么也不想了。得出结论，只有做好自己才是王道。就是这样，自己慢慢地成熟起来。

　　这段时间以来，从不敢面对生活中的挫折和失败，到现在稳重和冷静的我，我明白了一个道理：经历更多才会更明白，这是我人生中的一大挑战，我顺利实现角色的转换，除了有较强的适应力和乐观的生活态度外，更重要的是得益十个月的学习积累和技能的培养。

　　人生不可能始终一帆风顺，只有勇敢地面对人生中的每一次挫折和失败，才能走上自己的罗马大道。

　　实习的十个月里，我失落过，烦恼过，悲伤过。有时觉得自己放手让时间在手里流走，可能是因为我的缺陷和不足。但我知道这是上天对我的一个考验，在每次失落的时候我都会反省过来，告诉自己清楚自己应该做的是什么，在挫折面前我们应该善于用扬长避短的方法来促进自己，提高自己的综合水平能力。在学习方面虽然自己普通平凡，但是我会努力提高，做到最好，不管遇到什么困扰我都不会跌倒，我会不懈努力。因此，面对过去，我无怨无悔；面对现在，我努力拼搏；面对将来，我期待更多的挑战，战胜困难，抓住每一个机遇，相信自己一定会演绎出精彩的一幕。在今后的学习生活里，我会继续努力，做好社会主义的接班人，在生活上自觉从严要求自己，艰苦朴素，遵纪守法，作风正派，在各方面表现良好，为社会主义现代化建设贡献自己的力量。

　　以上是个人实践总结，希望自己的明天会格外灿烂。

珍惜每一个机会

王兴倩　高星级饭店运营与管理201206
实习单位：深圳圣廷苑酒店

伴随着岁月的流逝，我的实习生涯即将接近尾声。每次写工作小结时，我总会感慨时间过得真快，想说的话有太多，其中的苦与乐、酸与甜，都让我体会到了生活的不容易。离开母校已经7个月了，7个月说长不长，说短也不短。

深圳是一个多姿多彩的世界，这里快节奏的生活方式，让我白天过得很充实。楼层服务员，这份工作也是很有挑战性的，因为客流量没有规律，客人多起来，我们就得要去赶房，要不就是刚做好的住客房突如其来的退房，有时一不留心查漏酒水，本来工资就很微薄了，这样工资就更没有保障了。可以说我们每天在身体和心理上，都承受着极大的压力。我们做客房的几乎没有一个人的手是完好的，不是这里或者那里因磕磕碰碰而青一块紫一块的，就是手被刮伤，直至发炎，不过现在对我们而言这些已经成了家常便饭。

来到酒店后，经历了欢声笑语，也在这里尝到了痛苦，许多的看法和想法都不能发泄在工作当中，关键时刻没有人会去同情你。这次来到深圳实习，我真的是受益匪浅。社会竞争越来越激烈，要想做出一番成绩，就要有不懈的工作热情和奋斗的决心，还要有充裕的智慧与能力，在竞争中不断地改变自己并且不断地提升自己。在校的时候有机会就不要放弃，趁我们还年轻，想做的不要犹豫不决。珍惜每一个学习的机会，抓住每一次的机遇，创造属于自己的成就。现在的我面对外国客人的时候只会用几句简单的话来跟他们交流，所以我现在一直都在努力地学外语，有句话是这样说的，命运把握在自己手中，关键要看你怎么去把握自己的命运了。

人生有很多个转折点，而我的转折点或许就在这一刻了。工作虽然很辛苦，但是随着时间的流逝，已经成为一种习惯。在工作中，我用认真的态度去做好自己该做的事情，努力做好自己的本职工作，主管安排的任务，自己也尽量把它做好。在工作中，我很少出现问题，我觉得这也是自己努力的收获吧。

　　人生是一个不断学习的过程，在这个过程中会有许多的坎坷和曲折，但我坚信，只要肯努力，这些坎坷和曲折会成就一段段刻骨铭心的经历，在你回首时，它们都会成为你记忆中最美好的回忆。

　　前不久，有个人对我说了"世上没有十全十美的人"这句话。每个人都有不同的优点与缺点，你能保持优点，耐心学习他人的优点是很了不起的。这句话一直在我脑子里回响，我也不时地问自己能做到吗？在工作中，我与一些老同事相处得很好，不懂的地方她们很乐意教我，但跟她们相处有时也会觉得她们有点小心眼，老是欺负新手。当然将来我也是这行业的老手，一定不要学她们老是欺负新手。现在最重要的是你知道自己需要什么吗？我知道我需要的是什么，那就是知识与机遇。现在就等着迎接新的一天了。

拥抱学校，迎接梦想

陈丝丝　高星级饭店运营与管理 201205
实习单位：深圳潮江春酒楼

现在已经是冬季的尾巴，还有三个月我们就要结束实习生活了，想起当初在面试官面前许下的那些承诺和给自己定下的目标。或许这中间会有坎坷，或许会有挫折，但是谁又规定跌倒了就不能爬起来了呢？人做一件事情的时候，只有去做了才会知道成功与否，如果你不去做那可能连成功的机会都没有，如果你努力去做了但不成功，那或许又会有另外一种收获。结果固然重要，但是过程比结果更重要。

在深圳这座繁华的城市，有时候感觉自己就像一只蚂蚁。正因为这样才一直提醒自己要努力，不甘心做一只蚂蚁，不然我会永远都那么渺小。我是个喜欢做梦的人，虽然那不是真实的，但是梦里的意境会一直促使我努力，努力离梦里的地方更近一步。每天为了自己的人生、为了自己的梦想努力，这种生活一定充实而快乐。在这段实习期间，我发现人际关系尤为重要，例如，"如何与人相处、如何站在别人的角度想问题"，这是一门大学问。如果在某些问题上与人发生了冲突，即使很生气，也不要说气话，应该先让自己冷静下来，再慢慢去对待这件事情。进入社会之后发现很多事情都不能按自己的意愿去做，很多事情都不是自己能选择的，所以只能是更努力、更积极、比别人更卖力。我经常在陌生的人群中穿梭，害怕孤单，但这却是避免不了的问题，这或许就是成长，也是人生需要经历的一个过程。

我的岗位是酒店收银员。在别的同学们看来这是酒店里最轻松的岗位，但是对于我们任职的人来说却不是一份轻松的工作，而是一份很严谨、不可掉以轻心的工作。记得有一次有客人来买西餐的自助餐券，我就犯错了。楼面要求给客人打折，但是我却因为疏忽连同服务费一起打折了。因此误差的钱就得自己垫了。你看，这哪里是一份轻松的工作？那时我心里就发誓："绝对没有下次！"从那以后为了避免再次发生这样的事情，我会提前做好功课，厘清思路，如果还担心出错，我就用便利贴贴在电脑前提醒自己。其实不管是什么工作，都是有利有弊，重点是你怎么看待这份工作，首先就是要尊重工作，这样你才会做好这份工作，如果你瞧不起这份工作，那么无论是多么优秀的一个人可能都做不好这份简单的工作。在生活中我做任何决定的时候，我都会先设想好最坏的结果是什么，我要试着接受一个不好的结果，因为这样就算结果真的是坏的，我也不会那么难过。我不知道这样是好还是不好，但却对我很实用，能够帮助我完成很多事情，那么我想它就是好的。

  实习并不可怕，对我来说反而是一种享受。有时候会感觉我还没有走上社会工作，因为老师时常会来看我们，还会定期给我们开会。就如同半年前我们还坐在教室里面，只是少了那些熟悉的笑脸和可爱的老师们。记得过年的时候洪校长和主任过来看望我们，虽然在不同的城市生活着，但拥抱的时候就知道她们对我们的爱从未离开过。

  社会大学教会我做人要学会感谢，感谢生命中每一个对你好的人、呵护着你的人；感谢那些在我犯错误的时候狠狠骂我的人；感谢旅职校，感谢你看着我成长，感谢你教会我人生道理，也感谢你给了我一条道路让我去寻找梦。这将成为我生命中美好的回忆，我会记得那些曾经一起努力、坚持、奋斗的日子。

了解企业，了解流程

郑春菊　高星级饭店运营与管理201210
实习单位：深圳圣廷苑酒店

我们的实习日子，在转瞬之间，就已经接近尾声了。突然之间无限感慨与悲伤，在这接近一年的时间里，我们都已经长大了，成熟了。而离别的日子也越来越近了……

还记得当时我从海南来到深圳时，非常的兴奋，因为那是我第一次离开家，离开海南岛。坐上飞机那一刻，感觉非常激动。但是当真正到了深圳，到了酒店的宿舍，在晚上睡觉时，就开始想家，给家人打电话时，眼泪就止不住地流。但是这是我自己的选择，我不会放弃，不会让家人担心，我一定要向他人证明我可以，我能够出来工作，能够吃苦。虽然那段时间，我常常会躲在被窝里哭泣，但是最终我还是适应了下来。

我实习的酒店在我们过去的时候还没开业，所以我们四十个人先参加入职培训，将近一个星期后，酒店才安排部门，有十个同学，分别被分到了前厅、收银处和中餐咨客处，剩下三十个人被分到了客房。依稀记得当时，在分配部门时，三十个分配到客房的同学失望的表情。我也是分到客房的一个，当时我心里也很失落，但是想想没什么，我早已做好了心理准备，客房会让我吃苦耐劳的能力得到进一步的提升，所以我不怕。刚开始去客房的时候，酒店刚开业，没有多少客人入住，所以由客房的领班带领我们开荒，把客房的卫生跟进。在学校我们学的只有铺床和理论知识，跟实战还是差得远了点，我把学校老师所教的理论知识和实操相结合，再学酒店里那些具体操作知识和客房里的物品摆放。很快，我就跟随老员工上楼层做房，刚好有两批团队入住，两三百人，那时候是真的一直一直做房，累得快虚脱，我才真正体会到原来那时走上社会的学长学姐说的当学

了解企业，了解流程

生最幸福的话是真的，她们所说的我到现在才深有体会，我也体会到原来我们的父母工作赚钱也不容易。在客房的短短一个月的时间里，我与老员工相处的也很愉快。

因为我们很多人当初应聘的是餐饮部或是其他的部门，所以我们的带队老师与酒店协商，让我们三个月一换岗位，先让我们十五人去餐饮部，所以那时候我就被分到了餐饮部。不得不说我刚开始特别不愿意去餐饮部，因为刚适应了客房，换到餐饮部中餐厅，当然又要重新适应，所以刚开始去的时候感到很孤单、很无助。那时我咬咬牙，坚持住，想着到时候三个月后就回客房，想着在这边好好地学知识，好好锻炼。刚开始是由中餐领班培训，礼貌礼节，纪律，以及如何托盘、摆台等，这些对我们旅游职业学校旅游服务班的学生来说简直是小菜一碟，我们很快就学会了，但是酒店里所教的摆台是和学校不一样的，所以要重新学起。在中餐待得越久我越发现原来做餐饮讲究很多，要学的太多太多了。首先要了解酒店的企业文化，以及酒店的设施设备，还有各部门的领导；其次了解餐饮部的结构，了解中餐，以及中餐的小分部。我属于中餐厅楼面服务员，是在第一线面对客人的，所以要了解酒店，了解中餐菜品，了解我们的各项优惠，还有了解酒水等。在中餐厅，我学会了怎样与客人交流，怎样让客人更加对我们的服务满意，学会了推销酒店的产品，学会了怎样给客人倒酒，怎样处理客人的投诉，怎样与同事相处，怎样与人沟通，等等。原本在十二月份的时候我就应该回客房了，但是因为年底是最忙的时候，宴会很多，我们已经成了熟手，中餐厅人手又不够，所以餐饮部与客房部协商让我们留在中餐厅。年底我几乎每天都是在宴会服务，做完一单宴会又一单，有很多时候都是中午做完一单，下午又翻，晚上做完，再翻第二天的台。那时候几乎每天都是上十四五个钟头的班，很累，不过得到的锻炼是不少的，至少我们不怕苦，不怕累，在服务中学到的菜品知识更多，得到收获是不少的。其实，只要我们不怕苦，不怕累，勤劳肯干，能够调整好自己的心态，虚心学习，尽量多做一点，我相信肯定能学到更多的知识，让自己更加充实。无论与人相处还是对客服务，最重要的是沟通，所以，我们一定要学会沟通。面对任何事，心态很重要，把那些你觉得不好的事，或者让你不开心的事，觉得很累的事，想成是对你好的事，对你是一种锻炼，有这样的心态，相信我们就会过得很好，活得很开心。

　　实习的日子里，我难过过，彷徨过，无助过，迷茫过，开心过。实习是我人生道路的新开始，我的第一份工作，实习带给我的一切回忆，都将成为我最难忘的回忆。感谢陪伴我度过这段日子的同学们，感谢带队老师给予我的关心与帮助，感谢我的亲人支持着我，感谢那些在工作中教授我知识和经验的领导同事们，谢谢你们。

硕果累累的实习生涯

郑芳香　高星级饭店运营与管理 201208
实习单位：明光海航大酒店

　　人生其实就像洪校长所说，是被逼出来的。很多事情就是让人很无奈，但却不得不去做，就像面临实习，面临从在校学生角色转换为工作人员，面临从理论变为对客服务，教室转换成工作岗位，包括从海南省转换成了广东省，等等。那是多么大的变化？是否有点措手不及？但，即使是有着上千上万个不情愿，可事实已摆在眼前，容不得我们去筛选。每个人长大总是需要一个过程的，从踏上飞机的那一刻起，从离开生活了十几年的岛屿那一刻起，我知道我长大了。大小姐这个词，再也不适用于我的身上！

　　回想起刚来时的情景，那时候我们都怀着一颗忐忑不安的心，来到了友和海航。当时我们很多同学都没有被分到自己喜欢的部门，30位同学都去了客房部。那时候的我们几乎是快绝望了，以为不能坚持了，以为会放弃了。但现实击败了我们，而我们却无法去反击这个现实的社会，这就是所谓的适者生存，弱者淘汰吧！我们唯一能做的就是尽快去适应这社会，而不是让社会去适应我们！

　　在实习的过程中，我学到了好多好多在学校里学不到的东西，无论是亲情、友情、事业，以前真的从没真正感受过，这些东西让我成长了很多很多，也看清了很多很多。

　　在最初被安排到客房部楼层的时候，我一直在努力安慰自己，能学会用最好的方法最快的速度去铺床，去套被套、枕套，学会如何更快更有效率地完成卫生等，其实是很好的，至少是学会了自己不懂的东西。再接着，我又到了洗衣房，记得在开始参观的时候，我走进洗衣房的那一刹那，我就对自己说我不要来洗衣房，那么吵那么热，我不热死也会被吵死的。可事事总是不在你的预料之中，最后我终于明白了，只有经历过苦，才知道什么是真正的果。就这样我去了洗衣房。在洗衣房，我学到了好多，我很快乐。记得刚开始进入洗衣房学习时，那时候什么都不懂，只懂叠毛巾，也不知道衣服怎么烫怎么熨。后来经过那里老员工的教导，经理主管的精心培养，我终于学会了女孩子该学会的东西，我受益匪浅啊！在洗衣房时，领导很关心下属，很体贴，记得就在10月初，我在食堂摔了一跤，回到洗衣房时脸色苍白，阿姨连忙问我怎么了，后来经理了解情况后就立马到食堂找负责人带我去医院检查，一路上还找人陪我，关心我是否吃饭了，让我好好养身体，还时不时地打来电话关心我！这些都很令我感动，还有同学同事与老师连绵不断的关心，我真切地感受到了情谊的温暖。在11月酒店组织的岗位知识竞赛中，我荣获了客房部的第一名，这成绩太使我受宠若惊了，我甚至还怀疑过这是一场梦！也许是皇天不负有心人，只要你努力了，只要你坚持了，相信总会有相应的收获。

之后，我为了能够学到更多的东西，选择了去面试前厅部，结果我顺利地进入了前厅部的总机与商务中心。在总机要学的东西可多了，除了帮客人与酒店的内部员工转接电话外，还要懂弄LED与LCD，要背全酒店的电话号码，酒店的应知应会，背英语语句，背酒店各项目的价格，使用魔法语言，叫醒等，总之就是要掌握酒店的各种信息，真的是场考验。当时我背得都快崩溃了，电话号码常常背错，刚开始的时候，连报点都很卡，经常挨骂。在商务中心要学如何入账挂账，传真复印打印等。记得第一天上班的时候，我就入错账了，后来折扣了才冲减掉的。当时我就在想，前厅的工作是否真的适合我？或许生活往往就像无情刀，真的改变了我。压力，我喜欢压力，当初就是想给自己多点压力，所以才选择在前厅的，因为有了压力才有动力，才能够推动着我不断前进。既然我选择了，那么我就不能放弃。

实习生已经算是半只脚踏入社会的人了，无论做任何事情，做任何的决定，都得深思熟虑。有些人以前或许会有很多的坏习惯坏脾气，但出来工作后，若是依然没有改掉，那最终吃亏的永远是自己！因为工作不是玩游戏，游戏输了下次赢回来就行，但工作不一样，老板花钱来聘我们工作，是让我们来赚钱的，同时也是给我们一个发展的平台，若因为我们的一个疏忽、一次大意而遗漏了一个赚钱的好时机，那错过的将不是游戏能赢回来的。出来工作接触的人、事、物多了，自然也就懂了。在进入前厅的时候，压力真的挺大的，还天天被领班骂，骂的那些话是我从小到大从未有人骂过我的话，那时候真的难受极了，心里受的委屈真是有苦说不出。但时间久了，我也就明白了，上级骂下级那是应该的，因为上级总不会无聊到就算下级没有犯错也骂，也许有时候还真是上级错了，但又能怎么样？谁让他就是我们的上级？换个角度说不定以后碰到的上级比现在的还要凶呢，所以就当作是人生的考验了。不要在乎拥有多少，不要担心付出了没有收获，只要付出了，即使没有收获，但至少我努力过，我就对得起我自己！人生苦短，我们要做些更有意义的事，而不是每天都得过且过，不是每件事情都会徒劳无功，最起码经历过了，我们就有了点经验，有了经验，下次再实施时就会得心应手。经验就是要一点一点累积起来的，就像房子，一层一层用心地盖，才会更牢固，才会更高。人若想一步登天，就算有可能，但这一步也不会是最稳的。慢慢来吧，如果有人现在问我，想不想当经理？我想我会回答不想，因为我还年轻，没有足够的经验与能力，这样只会拖累整个团体而已。

总结这硕果累累的实习生涯，我不得不感叹，我学到的是我想要的，所以我就不后悔。一路走来，感谢学校，感谢老师，感谢同学，感谢身边的每个人，谢谢你们用支持与关爱伴我走过实习的每一步，让我的明天更加美好！

球童法典

王晓慧　休闲服务管理 201215
实习单位：海口观澜湖高尔夫球会

来观澜湖高尔夫俱乐部实习的这段时间，日子过得如海水般潮湿，有时候感觉就像深夜里只身掉进大海抓不到东西一样；有时候又会觉得像处在沙漠中的绿洲上，觉得有了依靠，有了落脚的地方，也觉得温暖，因为它们有着别样的舒适和美好。

一、实习目的

通过实习，较为全面地了解球场的经营环境、经营特点、市场范围，弄清楚高尔夫球场的运作方式，特别是高球运作部门的运作过程，了解球场各项职能管理的特点和在球场经营中的作用，学习球场成功的管理经验等，为进一步学习专业课程打下一定的基础。同时通过对球场的实际调查、研究，培养理论联系实际的能力和分析问题与解决问题的能力。

二、实习内容

高尔夫球童培训。

第一堂课是入职培训。培训的内容有：公司介绍，企业文化；仪容仪表要求，礼节礼貌；会所、球道参观；员工手册学习；服务意识、技巧的培训；高尔夫入门知识。这些仅仅是球童培训过程中的冰山一角。

第二堂课是体能训练。

完成培训后，我们马不停蹄地开始了体能训练。主要是军训及早晨 6 点钟开始的为期一个月的长跑。还记得跑步的第一天，摸着黑起床，眼睛还是在朦胧状态，迎着清晨冷冷的寒风和湿漉漉的草地，跑得是面如土色，上气不接下气，而且跑的还是较为平坦的路，跑完后连稀饭都喝不下，想到还有一个月这样的魔鬼日子，那时想过要放弃这份工作，很想。但我没有，咬咬牙还是坚持下来了。

跑了一个星期后渐渐适应了，不管是多陡峭的后山，还是多起伏的西侧球场，全部顺利跑完，挥汗如雨之后显得格外轻松了。现在特相信这句话：学习是做自己没做过的事，改变是做自己不习惯做的事，突破是做自己不愿意做的事。这也是公司里醒目的标语。这份工作对我来说，是一种学习，一种改变，更是一种突破。体能对球童来说是很重要的。球童每天的工作量和运动量是很大的。在球道上，球童不仅要和客人沟通，为客人服务，而且还要进行球道维护，像铺沙，捡垃圾，修补球痕，等等。在打球旺季，球童有时候要进行一对二的服务，有时候一天要连出几场，甚至顾不上吃饭的时候也有。但球童无疑都是坚强的，面对突如其来的狂风暴雨，我们的首要任务是保护好客人的球包；面对如火如荼的酷夏，即使是汗湿衣背也要认真完成服务；面对冰冻彻骨的寒冬，我们依然要为客人擦拭好每一根球杆。"在雾霭蒙蒙的清晨，在骄阳似火的正午，在晚霞齐飞的傍晚，拖包，递杆，看线，找球，无论是雨露沾巾，还是艳阳噬肤，日复一日，你用真诚的微笑迎八方来客，以最平凡朴实的动作，在青春岁月里挂满了金色的麦穗。"这，就是对球童最生动的写照。

第三堂课是学习服务技巧。

球童是一份复杂而又细腻的工作。我们需要把18洞3000多亩7000多码的高尔夫球场牢记心中。"一花一草皆相思，一枝一叶总关情"这句话虽然煽情，但点出了球童的必备工作。我们需要记住：每个洞的总码数，标准杆数，障碍区信息及球道区信息等，细化起来就包括：每个洞的T台数及每个T台对应的总码数；沙坑数目及从T台到/过沙坑的距离；到/过水障碍的距离；球道两旁有无OB桩，有无红桩、蓝桩，及哪里有长草，哪里有隐蔽障碍物等。

此外，球童还需掌握高尔夫礼仪、球杆常识、高尔夫规则、高尔夫定义解释等。以上仅是为服务客人所做的前提准备工作。真正的球童服务流程是复杂而又不过分烦琐，细腻而又贴心的。比如：在介绍球道时语调要清晰，语速要适中，介绍时抓住要点，如看不见的长草区或水障碍区，典型的狗腿洞或盲洞等；在客人开球时应站在客人对面右后方45°角5码以外，如果遇见有盲点时应站在可以看清球落点的地方，切记不能妨碍到客人击球，注意观察球的落点，以球落地以后附近的树或其他物体做参照物，如无特殊情况，球童服务时的站位要固定，同组球童之间要相互帮忙看球；在球道服务时，球童要看清球的位置，向客人提供球到果岭的距离及当时的风向，并为客人准备相应的球杆，使用的语言为"先生、小姐，您的球离果岭还有××码，××风，请问您用几号杆？"将杆递给客人时必须礼貌地说"给您××杆"；在果岭上，把客人的球用球标标好后拿起来抹干净，插球标时应面向球洞，左膝盖呈90°角，右脚弯曲成跪地式，单手持球标，把球标插在贴近球的正后方一厘米处，最远的球先标，由远到近等都有很详细的规定。

然而这些都只是球童服务流程中很细很小的一部分，也是最基础的东西，想要成为一名优秀的球童，还应努力做到：养成良好的作息习惯，保证有充足的睡眠，这样才会保持拥有朝气的精神面貌，动作起来才会精神爽利，具有专业风范和神采；要永远保持微笑的状态与客人讲话，常讲礼貌用语，如，请，谢谢，对不起；常说赞美的话，忠心而适度地夸赞客人的球技、球具等，但不可过度，以免造成让客人生厌的后果；在球场上以鼓励的语言对待客人，客人打了好球要喊"好球"，令客人享受打了好球的乐趣；只需跟随客人两个球道，便对客人的技术有一定的了解，而且知道客人使用不同的木杆和铁杆的大约发球距离，等等，这些都是成为一名金牌球童的必备要素。

除此之外，球童还需要熟练地驾驶球车。球车的培训内容有过"S"形桩和倒车的"T"形桩两种。还有对于高尔夫英语的学习也是异常重要的，并且由于这里的球场韩国客人较多，所以韩语的学习也加入到了培训内容当中了。

三、实习结果

通过这3个月的艰难培训，我充分认识和了解了高尔夫球童的工作内容，并能够熟练掌握该项技能。同时，我也了解了高尔夫球会的一些运作管理。

四、实习总结与体会

来当球童之前，我根本就不知道球童的辛苦。经过这三个月的培训，我觉得球童是一份相当不容易的工作。不仅要掌握大量的高尔夫知识，对服务礼仪、球场概况、规则等都要烂熟于心，而且工作量大，工作时间不固定，"三更灯火五更眠""戴月拖包归"也许是对球童生活的生动写照，有时候常常顾不上吃午饭，饿着肚子出场服务是常有的事。但是作为一名球童能够学到的东西也是很多的，像和客人的沟通交流，如何提高服务质量，出发站如何安排，球童的管理，等等，都是球童的"必修课"。所以这几个月虽然辛苦但决不白费，它让我更加了解高尔夫的运作，不论我以后从事高尔夫工作与否，这段经历对我都有很大的帮助。同时这也是我踏入社会的第一步，为以后积累了经验，也进一步提高了自身的素养，为以后的发展拓宽了空间。

球童的艰辛付出

陈丽莹　休闲服务与管理201215
实习单位：海口观澜湖高尔夫球会

十个月的实习，眨眼就要过去了，好好总结这段时间的经验教训，对我下一阶段的学习成长有很重要的意义。去年的7月22日开始，我们在海口观澜湖高尔夫球场接受了培训，我逐渐地完成了从学生到职业人的转变，开始意识到高尔夫不是传闻中的那么简单，要在本职工作上辛勤耕耘，挥洒汗水，需要付出的时间和精力不是旁人所能理解的。

进入高球运作部这个大家庭，我荣幸地成为这个家庭的一员，从开始的军训和入职培训，简单了解一些公司部门和各部门职能，到现在步入轨道，一步步走过来，我渐渐熟悉了这里。开始头两个星期坐在多功能厅里上室内课，每天抄球会知识，了解球会的概况与工作。两个星期乏味的室内课终于结束后，面临的是体能上的培训。周一至周五，每天早上6点半到11点半，下午2点半到6点，这两个时间段我们都在球场里走场地熟悉，头一个月每天走18洞，觉得还可以，往后的一个多月每天走36洞，那简直让人哭笑不得。每天都是这样子走过来。双脚走到起水泡还是走，回想第一次下场地培训，对什么都好奇，觉得新鲜，而现在每天下场都觉得再正常不过了。煎熬的场地培训，培训期间有酸甜苦辣，最有趣的是学开球车，刚接触开球车，感觉好玩极了，大家都你争我抢地去开，开着球车游览球场，那简直就是一种享受，漂亮的球场，清新的空气让人心旷神怡。3个月的培训期结束了，我们顺利分组，开始了第一次的工作。第一次下场服务，心情复杂，很紧张，怕在球场上出错，当顺利地完成过洞，紧张复杂的心终于落下来。拿了第一次工作的钱，好开心，好兴奋，因为这是自己第一次辛苦赚到的钱，来之不易，从这一刻起我知道我终于长大了，不再是被家里宠着的小女孩了，是该独立、自强的时候了。现在下场一切都得心应手了，我懂得了怎样去做一名合格的球童。

礼貌，是球童的必修课。作为服务行业的从业人员来讲，态度是一个企业的门面，员工素质的优劣，直接影响到企业在消费者心中的形象，高尔夫球场也是如此，球童是球场的代言人，她的一举一动都代表了观澜湖的门面。

球童要掌握专业技能。一个经验丰富的球童应该熟悉自己球场球道的地形，在发球台上向客人介绍球道，该洞长度，具体障碍，打球方向。在球道上，一定要做到永远走在客人前面，球的后面，在自己的客人还未到达球位前，提前测好距离，球上果岭后及时做标记、擦球，观察推击线，给予客人适当的建议。安全意识尤其重要。作为球场的一分子，球童有责任确保客人的安全，避免客人受伤。在照顾好客人的同时，我们也要学会自我保护，避免意外发生。安全意识是每一位球童都应该具有的职业素养。

一年前我荣幸地加入了海口观澜湖高尔夫球会，一年后的今天我依然为我在球场上工作而感到自豪，因为观澜湖是一个充满生机的、积极向上的大集体，在这里我感受到了组织的温暖也看到了机会和挑战，在以后的工作中，我会不断地锻炼自己，在实践中提升和完善自己，争取在球场发挥我的每一份光和热。

最后我要感谢学校给我这次实习的机会，因为有她，我才会有如此成绩，谢谢您，旅校！

实习的收获

朱 玲 休闲服务与管理201215
实习单位：海口观澜湖高尔夫球会

时间过得真快啊，一眨眼实习就要结束了，现在回想之前的实习过程，我只能用一个字来表达，那就是"累"。

在学校的时候，总是期待着实习，因为觉得不在教室里坐着上课就是最好的。现在好想回学校啊，现在知道了，在学校的生活才是最舒服的。

刚来观澜的时候，什么都不懂，看见什么都觉得很新鲜。在我还来不及适应的时候，马上又迎来了培训。一开始觉得不过是培训而已，事实却不是我想的那样。首先进行的是室内课，也就是培训高尔夫比赛规则及场地的知识等。一开始坐下来就抄书，一直抄到下课，久了觉得好烦，越来越郁闷了，还觉得好不容易才从学校逃脱出来，没想到到这边实习了还要在教室里上课，跟老师描述的实习生活完全不一样，好无奈啊。

室内课在一个星期后就结束了。就这样我们的场地服务培训开始了。万万没想到这才是噩梦的开始，每天在高温天气下行走，火一样的太阳像是要把人烧焦，刚开始我就很受不了，特别是有几天的台风天气，就是这样老师还是不放过，我们总是被淋得一身湿湿的，好难过。不只是这样，我们还要背定义和规则，背不完老师第二天又会有惩罚，所以每天晚上我们都背到很晚。

除此之外我们还要学习驾驶球车。虽然我没考过驾照，但球车驾驶起来并不难，掌握好前进、倒车、刹车，用一只脚控制油门，最后再控制好方向盘，做好这些就一定能开好球车。当然还有一件事无论何时我们都必须谨记在心，那就是安全，这也是主管对我们反复叮嘱的，因为我们最终要做的是下场服务客人，我们必须要开好球车，把客人的安全放在首位。接下来我们便开始了下场培训，也就是学习球童服务客人时的一系列流程，而这也是我们实习培训的重中之重。做好球童服务之前，我们首先得熟悉场地，了解球场 18 个洞的分布、每个洞的长度、每个洞有几个沙坑及所处位置、各个洞有哪些障碍及到障碍的距离、是否是盲洞等。熟悉了场地之后，我们就得掌握好球童出场工作的流程。

经过三个月的培训，我们终于迎来考核了，考核前一天的晚上我们个个都紧张得睡不着觉，很怕自己这三个月的努力都白费了。结果是我们终于通过了，每个人脸上的笑容都是那么灿烂。

终于排上班了，也就是可以下场服务客人了。从那一天起，我就开始接触形形色色的客人，老板、白领、工程师、教授、明星等，还有一些韩国、日本客人，而他们有一个共同点：他们都是成功人士。这些也让我学会了怎样与人相处和沟通。一个球会有很多部门，作为最前线部门的球童，我们更要做好人与人之间的沟通交流。与同事相处，我们要礼貌、谦虚、宽容、相互尊重、相互了解，只有这样，我们才能每天保持好的心情，全身心地投入工作。而与客人的沟通相处，则显得尤为重要。服务客人时，我们必须处处为客人着想，及时为客人提供好的打球建议，在客人打出一记好球时，我们要适时叫一声"好球"，而当客人没打好时，我们要给予鼓励。好的沟通，会使客人打球时更放松、更愉快，也会让我们更好地为客人提供服务，而这也会让我们了解更多的人，丰富自己的阅历。还要学会怎样严肃认真地工作。以前在学校，下课后就知道和同学玩耍，嘻嘻哈哈、大声谈笑。在这里，可不能这样，因为，这里是公司，是工作的地方，是绝对不允许发生这样的事情的。工作，来不得半点马虎，否则就会出错，工作出错就会给公司带来损失。于是，我意识到：自己绝不能再像以前那样，要学会像这里的同事一样严肃、认真、努力地工作，要多听、多看、多想、多做、少说。到球会以后，要知道自己能否胜任这份工作，关键是看你自己对待工作的态度，态度对了，以前没学过的知识也可以在工作中逐渐掌握；态度不好，就算自己有知识基础也不会把工作做好。刚开始实习的时候，以为球童要做的事很简单，不就是为客人报报码数拿拿杆摆摆线吗，但实际操作起来却并不是自己所想的那样，报码数必须要求精确，否则会影响客人的杆数，选杆也直接关系到能不能打出更好的成绩。由于自己的不用心，我没少出纰漏，因此对待实习和工作，我们来不得半点马虎，要学会虚心，因为只有虚心请教才能真正学到东西，也只有虚心请教才可使自己进步更快。

  时间过得很快，七个月的实习转眼就过去了。回顾实习生活，在实习的过程中，我有收获的喜悦，当然也有一些遗憾。那就是对球会管理有些工作的认识仅仅停留在表面，只是在看人做，听人讲如何做，未能够亲身感受、具体处理一些事物，所以未能领会其精髓。当然，我现在是以实习生的身份去参与，必然不能正常地接触有关的重要管理问题。但是通过实习，我加深了对高尔夫管理基础知识的理解，看到了高尔夫这个行业在中国特别是在海南的发展前景，而这也将促使我在以后的学习和工作中更加努力，向着自己的目标不断迈进。

我的实习与你分享

陈候任　高星级饭店运营与管理 201305
实习单位：海口文华酒店

我是一名在文华酒店实习的实习生。我的实习岗位——保安部，一个许多人并没有体验过的部门。而我却在这里度过了 9 个月。在这并不长的 9 个月里，我学会了许多。

首先，是车辆的指挥与管理。车辆的指挥并不是件轻松的事情，很多司机不听指挥，将车辆放置在一个不是我们所安置的位置。

其次，是车库的巡查。车库是个重要的地方，许多车辆都停放在地下车库中。每次有空闲时我总会过去，看看有没有什么车辆的车窗未关闭。还有查看一些车辆的位置摆放，以及安全隐患。这都是需要日常的检查才能够得知与发现的。所以，细节总是在你认真的时候才能发现。

再次，是消防知识学习。我们要学会发现消防隐患。哪里容易发生火灾，消防通道是否通畅等，这些都是需要我们去注意的。还有，灭火器的使用，消防服的穿着等，我学习并且训练了如何在 30 秒内快速地穿好消防服，不仅要快速，还要穿得紧，这样在火灾时才能快速地救出他人且保护到自己。消防，是每个酒店必须重视的一项内容。所以大家要把消除消防隐患摆在首位。

最后，是监控设备的使用。坐在监控室里，要时时观察各个方位。有一些不法分子，想来酒店威胁客人的安全，一些客人无意识地将危险物品带入酒店，一些车辆因刮损而引起纠纷，我们要靠监控来观察、发现这些情况。所以，监控也是很重要的方面。

在酒店实习期间，我还有下面这些收获：

1.我学习了如何做人，如何和人尤其是那些难相处的客人和有特殊要求的客人相处，我发现必须大度地接受，必须学会忍耐。

2. 无论做什么一定要用心，否则你总是那个大家讨厌的人、不受欢迎的人。要学会察言观色，要从客人的一个动作、一个眼神中看到自己的不足，看到客人的要求，要有服务的意识和精神。服务要有灵性，否则自己很难在这里立足。

3. 不要太高傲，不要太气盛，要虚心，要平心静气地学习别人的长处和优点，接受他人的建议，这样才能时刻保持清醒，才能在不断的竞争中取得成功和收获。

4. 要学好英语，这是我感受最深的，英语在酒店的工作中真的是太重要了，如果你的英语好一点，你的机会将比别人多太多了，如果你的英语不是那么好，你一定从现在开始就要加油，因为只有这样你才会为你的客人提供更加人性化、更加优越的服务。

5. 我收获了一个美丽的回忆，实习经历将成为我人生一段美丽的回忆，在以后的发展中我会常常想起这段难忘的回忆。

6. 我收获了一些生存的技能，知道了如何结交朋友。朋友，是每个人在当今社会上发展身边必不可少的一种人物。朋友会帮助我们渡过许多难关，所以，我们要学会结识朋友。

以上所有的种种，都是我个人的一种经历，写出来与大家分享，希望能对大家起到一定的作用。

实习四感

王　静　高星级饭店运营与管理201305
实习单位：海口新国宾馆

时光流逝，时间从我们身边匆匆流过，来新国宾馆实习的日子已接近尾声啦！十个月的时光很快过去，回想起这段日子，内心不禁感慨万千……回首实习这几个月的点点滴滴朝朝暮暮，心中顿生许多感触，我经历了人生中一段不平凡的考验与磨炼，这段时间让我品尝了生活的酸甜苦辣，而这些永久的印记将见证我成长。

以下是我在实习中的四大收获：

一、我学会了独立。

新国宾馆给予我很多，我是一个懵懂的女孩，进入新国宾馆以后，我学会了独立，不会让父母担心，我成长，懂事啦！刚来这里的时候，不习惯这里的一切，现在想起来，觉得当时的心态很幼稚，现在不会啦！现在我懂得珍惜自己在这里学习的时间，也已经习惯了这里的一切。人生必须要经过许多的挫折才会走向成功，实习只是一个起点。

二、我学会了忍耐与坚持。

耐心听取客人的要求，就算客人要啰唆地说一大堆都要耐心听。上级的批评，客人的指责等，这些我都能忍耐，工作的时候不要怕被骂，若是没有责骂，我永远不知自己错在哪里，很多时候责骂是一种锻炼，时间久了就不陌生啦！实习期间，我在西餐厅和大堂吧待过。刚到西餐厅时，感觉很陌生，这里的工作没有我想象得那么简单，更可以说难上加难。西餐厅要学习的知识很多，比其他部门要好，但也比其他部门要累得多。有时候接到预订，人又多，忙得团团转，有时累到自己快受不了，很想逃避，放弃它，可是我不想当逃兵，不想当半途而废的失败者，更不想别人看不起，所以自己下决心要努力，坚持奋斗下去。之后我又被调到大堂吧，大堂吧是餐饮部的门面，要接触很多领导，之前看到领导手脚发软，说话吞吞吐吐，而现在已经习惯了，微笑问好，热情大方，多做事，少说话。大堂吧工作清闲，我会利用空余时间来学习英语，学着与外国的宾客友好沟通。感谢新国宾馆给了我一个舞台，锻炼自己，磨炼自己，不断完善自己。

三、我学会了面对现实。

现实是残酷的，我学会如何面对现实，面对社会，虽然这份工作并不是自己喜欢的，但我还是接受了这份工作。出了学校之后，才觉得社会是复杂的。当别人对自己提出意见的时候我们要虚心接受，我只学别人的优点，优点才是我学的地方，感谢帮助我、教会我很多东西的同事们，这一路是你们让我懂得很多东西，学会了很多知识。最后感谢那些曾经伤害过我、为难过我的人，因为有你们我会更加坚强。

四、我学会了处理社会生活当中的人际关系。

我学会了独立，学会了坚强，学会了如何与同事和上级领导沟通、相处，更学会了如何做好自己的工作。餐饮部是一个大家庭，大家在一起工作，互帮互助，工作中与老员工接触久了，发现他们虽然外表看起来一副平平常常的样子，实际上大家在某一方面非常精通。

人在奋斗的征途中，不可能永远一帆风顺，多多少少总会遇到一些坎坷和波折，我们随时都可能遇到绊脚石，要不断勉励自己，没有"失败"，只是没有"赢"，跌倒了再爬起。今后的路还很长，路怎样走，还要靠自己努力，无论遇到什么挫折，我都不会放弃，坚持下去，雨后的彩虹更亮丽。

积累不是小事

陈 健 中餐烹饪与营养膳食 201322
实习单位：上海唐宫海鲜舫

时间飞逝，自从从事厨房打荷一职以来，我辛勤工作，认真对待每一件事，多次被评为集团先进个人，我知道这份荣誉实在是来之不易，心情无比激动，首先感谢各位对我的信任与支持，接下来从以下几方面谈谈我的实习感受。

一、认真总结、吸取教训、把好质量关。

打荷员的责任非常重大，在工作中起着承上启下的作用，与码菜部要协调好，与配菜员要配合好。打荷可以说是饭菜质量的关键，工作中容不下一点点马虎大意。我每天必须提前到，搬餐具，加工半成品，从没有过一句怨言，工作中加班加点努力要求自己，不求最好，只求更好，从我手中过的每一道菜肴都要做到餐具净、菜肴口味正色泽好。就是这样，我按要求把好菜肴的质量关，从不感到厌倦。

二、厉行节约、相互监督、控制成本。

省下的就是挣下的，能回收的就回收，能利用的再利用，大料大用、小料小用，边角料可以做职工菜，这是我一直以来工作都遵循的原则。为了能更好地贯彻部门的成本要求，经理三令五申要相互监督、举报，下班后我经常带头检查垃圾桶。在原材料多的大班组，我管好自己，也监督好别人，回收了许多可以重新利用的物品，减少了许多不必要的浪费。

三、爱岗敬业、忠于职守、提高自己。

一道成功的菜品离不开全员的共同配合，什么样的菜肴适合什么样的餐具都有详细规定。作为实习生，要想学得准、学得精，就得比别人多下几倍的功夫，我不服输，一点都不气馁，下班到书店买书学习，加班时练习，努力提高自己的业务水平，增强自身素质，争取自己不会被淘汰，不断学习、不断进步。

我一直兢兢业业、扎扎实实地工作在酒店的基层，同时也不断努力提升自己的工作技能、技术，先后在粤菜鲍鱼房、粤菜打荷、粤菜蒸锅处就过职，现任地方菜打荷一职。我不断在实践中寻找技巧，在技巧中总结经验，在积累的经验中不断完善自己。在打荷技术已日渐熟练的基础上，我逐渐尝试着掌握其他的工作技能，因为要成为一个部门的骨干，只掌握一门技术还远远不够。

总而言之，不会干不害怕，但怕不去干，干不好不害怕，就怕去捣乱；有付出就有回报，今年有幸又被评为集团先进个人，我感到无比荣幸与自豪，再次感谢大家对我的支持、信任。

无须太多的承诺，说得好不如做得好，在新的一年里，我一定要坚定信心，紧紧团结在以杨经理为首的领导班子周围，努力、努力再努力，请领导放心，我一定不会让你们失望！

恒心、细心、毅力

蔡 洁　高星级饭店运营与管理 201306
实习单位：三亚宝宏大酒店

作为一名刚刚接触社会的实习生，我深知自己要学的东西还有很多，而即将踏入的工作岗位又是那么的陌生和神秘。在这种矛盾心理的促使下，我怀着信心和期待去迎接它。来到酒店安排岗位时，我才发现自己并没有太多的优势，因为我从来没有接触过酒店管理，一切都需要学习摸索，但这对我来说也是一个绝好的锻炼机会。从踏入岗位的那天起，我就暗下决心，自己一定要努力，不要让自己有遗憾。

我在三亚宝宏大酒店客房部实习，在此期间我学到了很多也懂得了很多。在每个部门上岗之前，员工都要经过培训，当然客房部也不例外。培训的主要内容是酒店的产品知识、服务技能、规章制度等。我们主管培训我们铺床。整个铺床过程包括甩单、套被子并铺平、三线合一和套枕套。其中三线合一是指被子的中线要和床、被单的中线重合。铺床的每一步都有要求，床单要整齐地包进两层床垫中，套被子要把被子和被套的角相对应，用力甩几下；套枕套，要让枕头充满枕套。除了铺床之外，我们还要清理房间，包括擦尘、吸地、清理卫生间。每次进入客人房间，都要先敲门，然后进行床上用品的整理；擦尘也是一项重要环节，每个角落都要擦到位，并且将物品放回原处；吸地就是吸房间地上的尘土、毛发，每个角落都要吸到包括床底下。接下来就是卫生间的工作，要更换干净的毛巾，清理马桶、卫生间地面，最后补齐客用品。除了每天做房以外，我们还有查房、查洗衣等工作。查房就是在客人离开饭店时检查一下房间物品有无缺失，同时看一下是否有客人遗留的物品，以便客人及时取走；与此同时，若客人有酒水消费，我们要将酒水及时入账。查洗衣也是一项重要内容，每天早上 10 点开始查洗衣，先问客人是否有要洗的衣服，若有，请客人填好洗衣单，然后服务员签上自己的姓名和收洗衣的时间，将衣服收出后由工作人员收走。这些工作基本上是客房服务员的主要工作，当然还有每天的计划卫生，也不可忽略。每个月的三班倒让我忙得晕头转向，没有其余的时间想其他琐事。虽然忙，但在这期间，我熟悉掌握了各项流程与技巧，并很好地实施于我的工作当中，同时，我的服务意识与技巧在不断地提升，给顾客最为满意的服务。

实习了近一年时间，我学到了许多专业之外的知识，这使我中专毕业以后多了一条出路，也使我进一步了解了社会需要什么样的人才，需要什么样的人品，知道了怎样做才能让我们毕业以后在最短的时间内适应这个社会，立足社会。适者生存，逆者淘汰，这八个字我时刻铭记在心里。除了做好自己的本职工作以外，我们还要学会正确的人际交往。就像如何与同事们相处，相信人际关系是现今不少学生刚踏出社会遇到的一大难题，于是在实习时我便有意观察前辈们是如何和同事以及上级相处的，而自己也尽量虚心求教，不耻下问。要搞好人际关系并不仅仅限于本部门，还要跟别的部门例如市场部等其他部的同事相处好，那样工作起来的效率才会更高，人们所说的"和气生财"在我们的日常工作中也是不无道理的。而且在工作中常与前辈们聊聊天不仅可以放松一下神经，而且可以学到不少工作以外的事情，尽管许多情况我们不一定能遇到，可做到有所了解心中有数，也算是达到实习目的了。

做酒店本来就有很多烦琐的工作。在实习期间，我曾因每天重复那枯燥无味的工作而心生烦闷、厌倦，但很快发现这样很容易导致做房时错漏百出，愈错愈烦，愈烦愈错，这只会导致雪上加霜。反之，要是你用心地做，反而会左右逢源，越做越觉有乐趣，越做越起劲。梁启超说过：凡职业都是有趣味的，只要你肯干下去，趣味自然会发生。因此，我们做事切忌粗心大意、马虎了事、心浮气躁。做任何事都一样，需要有恒心、细心和毅力，那样才会到达成功的彼岸！

实习即将结束，将近一年的时间，有许多让我回味的事情，在这个春意盎然的季节，让我的思绪伴随着和煦的春风一起飞扬，飞向远方，去追逐我的梦！

宝宏大酒店实习感想

陈　敏　高星级饭店运营与管理 201307
实习单位：三亚宝宏大酒店

我在三亚宝宏大酒店餐饮部的大堂吧实习，刚开始先是在传菜组传菜，实习目的主要是对酒店的菜肴有具体的了解，通过传菜，既能清楚地知道酒店有哪些菜又能以实物的形式认识每道菜，这样可以记得更深刻。因为传菜每天都要在厨房待着，所以又能清楚每道菜的配料，以便以后对客服务中当客人问起的时候可以马上清楚地告诉客人。还有，在传菜过程中，可以在厨房看到配菜师傅的配菜过程，了解菜的烧制时间等，在后来，当我在包间对客服务时，每当客人催菜时，我就可以告诉客人菜的烧制时间，让客人不要着急，这样也避免了客人投诉。

同时，在传菜的这段日子里，我对地方菜有了更深刻的了解。我们酒店是南方酒店，菜的来历与文化有关，我对这些有了更深刻的了解。例如，饭店有一道六合头道菜，我刚进饭店的时候不知道为什么会叫这个名字，就问领班，领班说这是一道南京地方菜，南京有一个地方叫六合，每到重要日子，餐桌上的第一道菜就是它，所以叫六合头道菜。

后来我进了包间，直接对客服务，在包间里学会了服务要周到，操作程序要规范，摆台时要注意台形，餐巾花该如何叠等。在包间什么样的客人都可能遇到，所以还要学会如何平息客人的怒火。有的时候，客人会很着急，要求菜上的快一点，而这个时候厨房又很忙，这就需要你来跟客人说，让客人不要感到上菜太慢，让客人愉快地接受。开餐期间还要收集客人对菜肴的意见，这就要求在服务过程中不能一味地上菜倒酒，还要注意客人对菜的评价，这样才能让菜的品质越来越好，才能让客人对酒店越来越满意。

零距离的倾诉

  学的最多的还是在餐饮部大堂吧。刚开始的时候，我和一群女生在一起工作，说实话，不太好沟通，所以，还要学会与人打交道，学会为人处世，学会说话，也许，你的一句话就会让你成为被别人排挤的对象。在对客服务中也有很多地方要留意，因为我们这里是自助餐，所以看不到的时候，客人就会把餐具带走，或者打碎餐具后客人不愿意赔偿，这种事情要留心看领导是如何处理的，领导的经验会给你正确的指引，这就是你要学的。

  在酒店实习，可以接触到南来北往的各色客人，了解各个地方的不同习惯和风俗。有一次，有一个客人来吃饭，一听口音就知道他是南方人，我在包间为客人服务，客人请客，相谈甚欢，到最后的时候，客人点的酒在酒杯里未喝完，也没有动过，客人就开玩笑说，小伙子，这怎么办啊，我二话没说把酒倒在了菜汤里了，客人马上说，小伙子不错啊，一看就是我们南方人，我说不是，只是看您是。因为我记得培训的时候说过，南方人喝不掉又不打包的酒喜欢倒在菜汤里，防止酒店的人喝。这就是南北的差异，北方的人不会这样。

  酒店是一个很锻炼人的地方，你要用心去经营，来的形形色色的客人，考验你的反应还有说话技巧。在酒店你要能利用可利用的机会去丰富自己，不断地充实自己，学习经验，让自己更快地成长！

  在工作中，我还学会了如何更好地利用资源，更好地分配工作，学会了怎么样推销，向客人推销什么。实习又让我长大了一点，我更清晰地看到了学历的重要性，也慢慢发现自己在处理问题和待人方面变得更加理性，也更懂得去思考和分析了，这是一笔不可多得的财富。

  实习让我学会了将理论运用到实际中，经过锻炼提高了动手实操能力，让我增加了工作经验，丰富了人生阅历，人际交往能力和工作能力也进一步提高了，为更好地步入社会迈出了重要的一步。非常感谢学校和老师为我们创造了这次机会，希望学校在以后的教学中为学生们提供更多的社会实践机会，为学生今后更好地步入社会奠定基础。

  最后感谢宝宏酒店，感谢我的实习指导教师，祝学校和酒店越办越好！

实习体会

符丽珍　高星级饭店运营与管理 201302
实习单位：三亚宝宏大酒店

　　回想这次在宝宏酒店实习的点点滴滴，觉得从中获益匪浅，学到了许多在课堂和书本上都无法学到的知识，使我对将来的就业有了更充足的信心和更明确的目标。

　　7月25日，我有幸到宝宏酒店中餐厅实习。在人事部经过短暂的培训之后，我们基本上掌握了酒店的基本概况和应知应会的内容，然后就被分配到各个岗位，我被分到了中餐新豪酒楼部门。在熟悉了本部门的概况后，我就跟着正式员工开始学习了，曾经在学校书本上学的一些理论知识就要真正运用到实践当中去了，我相信，只要认真去对待，就会有意想不到的收获。实习期间，部门主要安排我学习零点、包厢、宴会、会议服务程序。作为中餐厅的一员，须全面掌握餐厅的对客服务程序，包括预订、点菜、看台、摆台和收台等一系列服务。在实习中，我由一名在校学生，逐渐成长为一名酒店职业人。实习结束时，无论从思想上还是技能上，我都得到了很大的提升。我对自己所学的专业知识掌握得更加牢固，对酒店业的现状与发展前景都有了一定的了解。下面就从以下几个方面谈谈我的实习收获。

　　第一，作为一名在校学生，参加社会实习，是一次难得的机遇。促使我在掌握基本理论知识后，迅速地加以实践运用，巩固学习成果，从而对所学知识有进一步的理解，便于更好地学习。更为可贵的是，在实习当中自己变得更加成熟，无论是思想还是心理上。在学校时有老师、家长和同学关爱，生活可以用无忧无虑来形容，很少接触社会，也很少吃苦。在这次酒店实习中，困难时刻严峻地考验着我们。当我和我班的其他同学分到中餐厅工作后，从中午11点开始上班，到下午 5 点才下班，由于是第一次对客服务，当时不敢去询问客人的要求，后来正式员工和主管告诉我，一定要放开自己心中的"怕"，主动去做，最重要的一点就是"勤"，要勤快。

餐饮部是酒店最辛苦的一个部门，的确如此啊。好多员工受不了苦，都辞职了。第一天的工作基本上都是体力活，因为我们刚到，对服务程序不熟悉。就是在这样似懂非懂的状态下，我们被迫上手。因为那时是酒店的生意旺季，服务员很少。我们就这样现学现卖，服务效果倒还说得过去。这还要感谢我在学校时上的实训课，我们在很短的时间内就上手工作了，也很快对餐厅的工作有了初步了解。在这个初步了解的过程中，餐厅经理、领班不像学校的老师那样对你不厌其烦地教导，而是一副公事公办的"包公"脸，一开始感觉非常无奈，很是想不通。到后来，也逐渐适应了这种企业管理。现在看来，这样的管理，更加锻炼了我，让我成熟，以后步入社会工作也有了一定的承受能力。回首来看，心态对工作来讲，非常重要。在外面工作，不是靠别人怎么帮你，关键时刻都是靠自己！自己要学会安排自己，学会开导自己。

第二，在实习期间，与同事之间的关系处理，是关系我们实习效果的一大因素。同事之间的关系不比我们在校期间与同学之间的关系，彼此间存在共同利益，经常存在利益冲突，所以人际关系不好相处。但要是能恰当地处理好与同事的关系，你就能获益匪浅，达到事半功倍的效果。工作中，他们能教你很多东西。这个潜在资源，需要用心去挖掘。另外，在实习中我发现，其实学习不光发生在课堂上，社会上提供的学习机会更多，只不过这个学习资源需要你的筛选。不像在课堂上，老师教给我们的永远都是实实在在的真理性的知识。但是，社会提供的学习资料更及时，利用效率更高。学习的机会在生活中时刻存在，要好好把握。

第三，酒店里要学习的东西很多，比如餐桌礼仪，和客人打交道，作为五星级的服务员该怎么面对客人的不同要求等。在中餐厅，接触这方面的知识相对于其他部门而言还是比较多的。当我们去服务客人，看着客人入座，说一些客套话，和一些敬酒方面的事情，我们从中都会学到一点点。人与人之间的交往也比较重要，就是所谓的"为人处世"，要懂得尊重人。刚来到酒店，接触最多的是同学，再后来是部门经理、主管。能满足领导终极期望的人常常会有更好的职业发展前景。现在内向性格的人比较多，而工作中的关注点绝大多数只是在于尽善尽美地想法子完成领导交给他们做的事情，其实在酒店待了这么长时间，我觉得不仅要完成领导交给自己的事，还应该积极地站在领导的角度考虑问题，主动地寻找更好的解决方案。所以说，要想真正地在社会上立足，就要懂得学会积极主动。

酒店实习的日子快结束了，这次酒店实习是我的第一次专业见习。总体来说，在这些日子里我学到了不少的东西，虽然有辛苦有抱怨，也想过放弃，但还是坚持下来了。我了解了餐饮的服务程序和技巧，也学会了如何调整自己的心态，如何处理自己的利益和酒店的利益，如何处理好同事之间的人际关系，如何与顾客打交道；同时，我认识到作为一个服务员应该具有强烈的服务意识；更为重要的是，在这次的工作中，我深刻地体会到了酒店行业的艰辛，在餐饮行业的辛苦，也看到了酒店的发展前景，更加明白了自己以后学习的方向和侧重点。我战胜了我自己，终于跨出了第一步，那是一个属于我自己的舞台，不管以后遇到什么样的困难，我都不会害怕了，因为我相信我自己！

最后感谢老师的帮助，感谢宝宏酒店能给我提供这样难得的实习机会，在此祝愿宝宏酒店能够越办越好，学院越办越好。

礼宾工作我认识

华海燕　高星级饭店运营与管理 201304
实习单位：三亚宝宏大酒店

终于要离开学校去实习了，每每向上一届的学长学姐们打听实习的感受与心得后，都会一次次生出向往和期待。因为大家再也无法忍受当前这夜以继日的封闭式的教学，都无比地渴望自由翱翔。从师兄师姐们那里了解到实习并非像想象中的那样是一件快乐的事情，还有很多的新挑战等着我们。所以我想要在实习的这段时间里好好地锻炼自己，为了自己的梦想，也为了自己以后能过得更好。实习是每一个毕业生必须拥有的一段经历，它使我们在实践中了解社会、在实践中巩固知识；实习又是对每一位大学毕业生专业知识的一种检验，它让我们学到了很多在课堂上根本就学不到的知识，既开阔了视野，又增长了见识，为我们以后进一步走向社会打下坚实的基础，也是我们走向工作岗位的第一步。

我的实习期开始于 7 月 26 日。我被分配到酒店的礼宾这个岗位。刚到酒店的时候，挺兴奋的，毕竟是第一次真正踏入社会工作，对什么都觉得新鲜和好奇，但是被分配的工作却使我觉得失落。女礼宾可是我们课程中从未接触的岗位，我一点都不了解，我正式上岗的时候，一切如想象中一样，这份工作很辛苦，但是也让人获益颇多。礼宾作为酒店的门面，是最先对客人产生影响并为客人做出服务的部门。一家酒店的效率以及利润的创造，基本上都是从这里开始的。虽然只是简单的问候和提拿行李，但是一样需要服务技巧和足够的热情与负责的态度。

礼宾的工作主要分门童和行李生，而我们女生既是门童又是行李生，当然，这当中也包括了为客人答疑，帮客人处理服务要求，电话转接，TAXI 外叫服务及订票租车等业务。

礼宾工作我认识

酒店的礼宾，工作班次分为早班、中班和通宵班三个班，轮换工作，并一周一休。除通宵班为两人外，早班和中班都各有三人。其中一人为问候，另外两人按照实际工作量情况分配剩余工作。这样的安排比较宽松，一方面可以在工作量大的情况下分配为一人收银，一人登记推销，另一人负责其他服务和联系工作；最重要的是，这样的工作方式，可以很快让新人获得经验，在工作量小的时候由带班同事指导，工作量大的时候又可以更多地吸收经验，迅速成长。

"客人永远是对的"这句服务行业周知的经营格言，在这里被发挥到了极致。酒店为了达到一定的财务目标，不但要使客人的物质需求得到满足，更要满足客人的精神需求。所以酒店的经营者，往往对客人的要求，只要是在不触犯法律和违背道德的前提下，都会最大化地满足客人。所以从入职培训就会为员工灌输："客人永远不会错，错的只会是我们"，"只有真诚的服务，才会换来客人的微笑"。

真诚真的很重要，有一次，我在上早班。有个的士车停在我们大堂门口，我上前去开车门，下来一对俄罗斯夫妇，男人手上还抱着个小宝宝，他看到我，随即把手上的宝宝塞到我怀里，我当时特别的感动，这就是一种信任，我帮他把宝宝抱进酒店，他们夫妇再三表达了谢意。由此我认识到，付出总会有回报的。

服从上级的安排与决策：从决策的角度来说"领导不可能永远是对的"。身为上司经理，哪怕能力再强，经验再丰富，信息量再多，也难免会犯决策性错误，大不了是犯错的概率比普通人少一些而已。不过，这句话是针对执行而言的。

实习是一个很好的平台，让我们对社会有了新的领悟和认识，只有在现实中经历过，才会明白这个社会是如此的复杂，远没有我们想象的美好。在酒店实习期间，曾有一段时间，我发现自己的想法和观点是如此的幼稚，不过后来我就慢慢放开了。在学校里，我们只是一张白纸，只有通过实习才能体味社会和人生。在礼宾这个不起眼的岗位上，我能够感受到社会上的人情事理，我在一点点地积累社会经验和学习处世之道，了解人际关系的复杂，这是整个实习过程中最宝贵的一部分。整个实习过程，让我不仅看到自己好的一面，也将我在各方面的缺点与不足毫无保留地放大出来，从而让我关注到自己从不曾注意的东西。也许，在外人看来，前台的工作很简单，事实上，这工作的程序复杂繁多，在这说长不长说短不短的六个月里，我发现要做好一项工作，心态必须调整好，无论工作是繁重还是清闲，要用积极的态度去完成我们的每一份工作，而不是去抱怨；当你犯错的时候，要想尽一切办法去弥补你的过失，而不是逃避。要说的是，现在酒店的前台的薪水一般都是底薪加提成的，也就是说，入住的客人多，自己的工资也高，这也是大家埋头苦干，加班加点也愿意坚持的动力所在。

实习快结束了，这是一段令人难忘的日子，有欣喜、有汗水、有苦涩，很难用一言两语说清楚。这六个月的时间是短暂的，但过程却是漫长的，我要好好地总结归纳一下，将自己的不足之处进行加强，重新整理自己的信心，迎接新的开端。通过这次实习，我真的学到了很多实际的东西，而这些恰恰是在课堂上所学不到的。

毕业之后，我还将继续在学校中学习，因为下一阶段的学习也跟这份实习工作相关，所以，实习也为我日后的学习奠定了一定的基础。最后，感谢酒店的同事和经理，谢谢你们这几个月对我的关心和照顾，从你们身上，我学到了很多，也希望酒店能够越来越好！

我的实习收获

李 静 高星级饭店运营与管理 201303
实习单位：三亚宝宏大酒店

作为一名刚刚接触社会的实习生，我深知自己要学的东西有很多，在这种认识下，我怀着信心和期待去迎接它。从踏入岗位的那天起，我就暗下决心，一定要努力，不要让自己留有遗憾。

实习带给我的收获主要有三点：

（一）突发事件应变能力提高

在客房部工作，每天都必须做好作战的准备，因为作为一名服务员，每天面对不同的客人、不同的事件，入住的客人中难免会有些不大礼貌的客人，有些人甚至会口出恶言，面对这样的情况，如何既安抚客人的情绪，又保护酒店的利益与自身的安全，对于我来说是一个严峻的考验。

（二）服务技能提高

在这次实习中，我重新学习了服务技巧和服务规范，更加熟悉服务工作，服务技能有了进一步的提高。我不仅可以熟练地完成服务工作，并且可以协助酒店经理主管的培训工作。

（三）从业能力提高

实习经验的积累，使我的从业能力得到提高，在此过程中我的语言能力、交际能力、观察能力、记忆能力、应变能力都得到了提高，这为我毕业以后的就业增加了机会。

再说说我的实习体会：

实习让我们对社会有了新的认识，让我们觉得这个社会是如此的复杂，有时会让人身心疲惫。在酒店实习的后一段时间，我变得沉默寡言了，因为我发现面对这样的大千世界我的想法和观点是如此的幼稚，我的胸襟还不够宽广，我只能静静地去观察，去感受，去磨炼。我没有和家里人说自己实习具体是做什么的，我怕他们知道了会伤心，做的时间长了，我的思想也放开了许多，我就把实习当作是体味社会和人生了。从社会的最底层做起，在进行实践的同时，感受社会上的人情事理，积累社会经验和处事之道，了解人际关系的复杂，也许这才是实习生活中最重要的。实习生活就像是一个放大镜，不仅让我看到自己优秀的一面，更将我在各方面的缺点与不足毫无保留地放大出来，这也是一个人进步的前提。

在这十个月的工作中，我发现要能自如地做好一项工作，必须要用积极的态度去对待。我们不能把事情想得太糟糕，而是要保持好的心态，因为快乐的心态会使我们不觉得工作疲惫与乏味。

为期十个月的短期实习，使我比较全面地了解了企业的生产经营过程，认识到管理实践的重要性，为今后的理论学习打下坚实础。同时，在实习的过程中，我也结识了很多同事和朋友，对于处理人际关系又有了新的认识。实习生活让我收获多多，感谢实习。

角色的转变

王少雪　高星级饭店运营与管理 201305
实习单位：三亚宝宏大酒店

半年的实习生活稍纵即逝，在三亚宝宏大酒店的实习，让我懂得了很多在学校里无法获得的人生哲理。在实习中经历了生活中的挫折和失败后，现在的我变得做事会深思熟虑。实习也使我明白了社会竞争的残酷与现实，真正体会了父母平日的辛苦，让我成熟了许多，也越挫越勇……

在实习之前，学校给我们开了一个毕业实习动员大会。大会内容如下：从目前的社会就业形势看，培养具有实际操作技能的人才，是我校对我们旅游专科班的教学方向。为使我们理解理论知识与实际操作的结合，学校为我们联系了三亚宝宏大酒店。根据学校的教学安排，酒店的需要，安排我们于7月25日到三亚宝宏大酒店开始为期十个月的实地实习。我们的实习目的是了解酒店的生产经营，了解组织管理的过程，酒店的服务及文化，从而加强管理理论与实践的结合；同时，让我们学习酒店里的服务精神，培养我们的服务意识。

三亚宝宏大酒店坐落在风景如画的三亚大东海旅游度假区，漫步就可到达水质清澈的大东海沙滩，距离市中心也只有5分钟的车程。宝宏大酒店是三亚大东海地区最新的集商务与度假于一体的五星级酒店。

三亚宝宏大酒店的部门有人力资源部、销售部、前厅部、客房部、保安部、沙滩综合娱乐部。酒店人力资源部根据酒店的实际经营需要，结合我们班人员总数，分别把我们安排到前厅部、客房部、保安部、沙滩综合娱乐部实习。为了能使我们全面接触酒店各个部门的工作，在为期10个月的实习时间里，酒店还安排了轮岗制度和见习，给有意往酒店方面发展的同学更多的实践

机会。

我实习所在的部门一开始就是餐饮部，我们此次是顶岗实习，也就是说我们的工作和正式员工的工作是一样的。为了在第一个旺季"十一"黄金周里我们都能正式上岗，白天，我们餐饮部实习成员分成两个小组，跟着不同的领班到前厅进行实际操作上的培训和熟练；晚上，跟着我们部门的经理学习前厅部的理论知识和作为一名前厅部服务员应该知道的对客知识。

我们为期两周的培训都是在八月份的淡季进行的，所以我们实际的操作内容也就只是熟悉摆台而已。在这第一个旺季到来之前的几天，我们由开始的分组培训改为每区域由几个同学负责，每个区域的同学加上领班和老员工作为机动人员到每一区域去支援，在"十一"这短期的旺季里，我们都能很快地完成前厅清洁，而且保证质量，并且还面对面地与客人接触，微笑耐心地对客服务。这些都是在学校学不到的东西。

"十一"过后，紧接着的小周末都是忙碌的，我们在那忙碌的日子里，渐渐熟悉了前厅的工作程序。旺季又即将来临，为了达到人力资源的合理利用，我们部门开始分班次（早班、中班、晚班）上班，我们正式进入"员工"工作状态。

后来经过两次轮岗，餐饮部先后调进来和调走部分实习的同学，由于时间紧加上都是在旺季，所以调进来的同学没有怎么培训就直接上岗了，但是直接上岗也不是乱分配的，我们部门的领班让留在本部门的"老实习生"带"新实习生"，虽然轮岗会给酒店带来一些不便，但这种不便只是暂时的，我们新老实习生分工合作，工作还是有质量、有速度、有效率的。

由于每位同学以后的择业方向不同，每位同学对不同部门的兴趣程度不同，加上"十一"过后，旺季开始转入淡季，在最后的这几个月里，酒店安排根据岗位的不同，让同学们到自己想去的部门见习。

在十个月的实习里，我从一个在校中专生到一个工作的社会人，能有这一角色的转换，除了有较强的适应力和积极乐观的心态之外，更重要的是得益于半年时间的磨炼和技能的培养。在实习中，我认识到什么是真正的现实。复杂的人际关系教会了我做什么事儿都要三思而后行,也让我不断地在社会中调整个人的心态去学着如何做人。当然,在半年的锻炼中,给我的这些还远远不够,更多的还要靠以后自己努力拼搏。

最后感谢老师的帮助,感谢三亚宝宏大酒店给我们提供这样难得的实习机会,在此祝愿宝宏大酒店越办越好,旅职校明天会更好!

我是优秀毕业生

吴小叶　高星级饭店运营与管理201306
实习单位：三亚宝宏大酒店

当我拿起笔，写下实习十个月的点点滴滴，心中有许多感触。

实习单位我选择了三亚宝宏大酒店，当我们来到这美丽、大气，具有欧式风格的五星级酒店时，被它的外表深深吸引住了。进入酒店，首先是参加入职培训，主要培训酒店的一些情况。通过一个星期的培训，我们了解了酒店的很多知识。随后我们被分到各个岗位，我在的岗位是主楼的楼层服务员。

当我走上这个我将实习十个月或长年发展的岗位，我有一种很亲切的感觉。在管家部这个大的家庭里，大多数都是女生，大家相处得很融洽。我们的管家和副管家对我们都很好，他们从不摆架子，对我们就像对女儿般照顾和关心。还有我们那可爱的主管，她好像是我们的姐姐一样，不管发生什么事，我们都会向她说，她都会很热心地帮助我们，在工作中我们肚子疼了，她会帮我们冲一些红糖水。

在大半年的实习生活中，我学会了很多，也懂得了很多从前不懂的知识和道理。回顾大半年来的挫折和失败，我明白了一个道理：人生不可能一直一帆风顺，只有自己勇敢地面对人生中的每一个挫折和失败，才能通往自己的罗马大道。在这大半年里，我失落过、烦恼过、悲伤过。有时觉得时间在自己的手中匆匆流走，或者想到自己的不足，都会失落，但我知道这是上天对我的一个考验，每次失落的时候我都会反省自己，告诉自己应该做的是什么，告诉自己在挫折面前应该用扬长避短的方法来提高自己，提高自己的综合水平能力。在学习方面我的英语不是很好，但我会努力学习，做到更好。不管遇到什么困难我都不会跌倒，我会不懈努力。

常言道，工作两年胜读十年书，实习这么久了，真的学到许多东西，明白很多事。但是，自己身上仍然存在许多不足，所以在日常工作中应该不断去学习，尤其是要做到，做一行，爱一行，专一行，提高学习的热情，我相信会有更多意外的收获。

实习完之后，我希望半年内当上领班，两年后当上主管。这是我对我未来三年的计划。

我的未来不是梦，只要自己努力，成功是不会拒绝你的。因此，面对过去，我无怨无悔，面对现在，我努力拼搏，面对将来，我期待更多的挑战，战胜困难，抓住每一个机遇，相信自己一定会为人生谱写出精彩的篇章。

实习是场不寻常的经历

严凌政　中餐烹饪与营养膳食201323
实习单位：三亚宝宏大酒店

时光飞逝，转眼间实习马上就要结束了。

八个月前，我以学生的身份踏入社会。我选择了三亚宝宏大酒店实习，当我们来到这美丽庞大的五星级酒店时，首先被它的外表深深吸引住了。接下来我们进行入职培训，通过一个星期的培训后，我们被分到各个岗位，我在新豪海鲜酒楼中厨岗位(打荷)。

一开始自以为在学校学会了很多东西，哪里知道来到这里后发现什么都不懂，什么都要从头学起，像什么菜拿什么碟装，什么菜加什么料等。这里的师傅很多都是广东人，他们的普通话讲得不标准，开始的时候听不太明白，常常听错话做错事被师傅骂，后面慢慢习惯了，能听懂他们说的话，也慢慢地跟他们接触，和他们开玩笑。我的第一个师傅对我很好，大家都叫他谋哥，他叫我政哥。我们常常一起开玩笑，一起在厨房工作，他教会了我很多做人的道理和炒菜技术。厨房是厨师的战场，尤其是生意好的时候，那场面真的就跟战场上打仗一样，厨师的工具以及厨房的任何摆设和物品（包括调料品和原材料）都是厨师的武器，锅、碗、瓢、盆也为厨房工作奏出一首首生活的乐曲。墩子也叫切配，专门负责原材料的精加工，我们打荷的负责将切好的原材料拿给灶上的师傅，并且做好装盘、菜品的装饰。

转眼间，八个月的时间就这样过去了，其间有过喜悦，有过兴奋，有过苦恼，有过忧郁，有过怀疑，我从一个初出茅庐的学生，逐渐熟悉了酒店的组织结构、人事关系、企业文化，也慢慢地适应这个社会。八个月就这样过来了，用什么词语来形容也没有用"现实"二字更为确切。从去年7月拿起背包随着老师和同学们来到三亚，到如今再次收拾背包准备返回，心里的确不是滋味。直到现在，我始终为自己是一名厨师而自豪。我要感谢学校，让我接触了酒店的厨房工作，学会了怎样去做事，学会了怎样去做人。

我还记得当初自己刚踏入社会，走向厨房的时候，自以为在学校里学了不少学问，可以在厨房里得心应手，却不明白最大的学问是在生活中，最厚实的文章是在书本以外，现在我懂了"年光似鸟翩翩过，世事如棋局局新"的道理。在家里，我们只走得平路，上不得陡岭，更过不得险滩，离开了自己的家，来到一个陌生的城市，有时候，遇到失落就想轻言放弃，甚至自甘沉沦，而不明白人生有起伏才有真趣、有波折才有韵味。现在我懂了，是厨房的师傅告诉了我"凡人为善，不自誉而人誉之；凡人为恶，不自毁而人毁之"的道理。作为一名实习生，在实习过程中，会有埋怨，会有委屈。因为我们总认为只要自己以诚待人、与人为善，公道就会自在人心，而不明白有时自己好心但事办得并不好，甚至是好心办了坏事。我们才让自己更加有信心，也坚信我们可以为自己喜爱的工作而奋斗。

我热爱自己现在从事的工作，因为我在这份工作中找到了真正的自我，如果当我满头白发却依然站在厨房炒出让客人吃得满意吃得开心的菜，我会感到这是我人生最大的满足。我始终以自己能够终生去做一名专业的厨师服务人员而骄傲，我们也在客人的评价中找到了富有的人生。我们未必会有大笔的金钱，但是我们一定不会贫穷，因为我们富有智慧，富有信息，富有责任感，富有专业厨师的精神，富有忠诚和信誉，当然我们还有一个富有爱的家庭，所有的这些，才构成了我们今天的生活。其实，富有的人生不难找，它就在我们为别人带来的每一份开心、快乐、满意当中。作为人生的第一次社会历练，相信对每一位同学来说实习都是深刻难忘的，而对我也是如此。好的开始是成功的一半，今后就要真正面向社会，面对自己的将来我满怀期待。

最后感谢在实习期间伴我成长的同学们，一路走来因为有你们才有美丽的风景。也很感谢帮助过我，教会我很多东西的同事们，你们让我懂得了很多东西，学会了很多。我也很幸运我跟了一个好师傅，教会我很多，让我体验了很多人生路上的不寻常的经历。

实践使人进步

曾恋凯　高星级饭店运营与管理201206
实习单位：三亚宝宏大酒店

十个月的实习就这样一晃而过，我的第一份工作就这样结束了。在三亚宝宏大酒店工作的10个月中，我学到了许多，感受了许多，也领悟了许多。这10个月我学到了让我终身受用的东西。

第一次实践，第一次工作，使我明白现在的我们只不过是开在温室中的花朵，没有经历过任何的风吹雨打，所以在我们被移栽到户外的时候，我们就会枯萎。所以多参加社会实践活动是必须的也是必要的。这样我们就可以在走出校门时，更好地迈向社会，了解社会，从而投身社会。实践还可以让我们在社会中开阔视野，增长才干，明确未来生活的目标。社会是一个大课堂，它让我们学习，让我们受教育，激励我们为以后的生活打下坚实的基础。

实习让我有以下几方面的认识：

一、挣钱很辛苦

整天在酒店里辛辛苦苦地工作，天天都面对着同样的事物，做着同样的事情，真的感觉好无聊，好辛苦。这时我才真真正正地明白，原来父母在家里挣钱真的很不容易。

二、人际交往

这次实践让我最有感触的就是在人际交往方面。大家都知道社会上的人际交往是非常复杂的。我想大家都很难说得清楚，只有经历了才能了解，才能有深刻的体会。

酒店就像是一个大染缸，什么样的人都有，大家为了工作走到了一起，每个人都有自己的思想和个性，要想和他们搞好关系就需要懂得许多的技巧。在交往中如果我们不能够去改变什么东西，那么我们就要采用各种方法去适应它。这次实践让我掌握了许多的东西，但最重要的就是在待人处事方面，在处理好人际关系方面我有了很大的进步。同时在这次实践中我也深深地体会到，在实践中我们应勤于动手，不断琢磨，不断学习，不断积累，不懂的地方要多问，多请教师傅，多和同事们沟通，共同协作。

三、管理者的管理

在一个酒店里面有许多的管理员，他们就如同我们学校里面的领导和班上的班干部。要想成为一名好的管理员就要有一套属于自己的好的管理方案。以最好的管理方法去管理好自己的每一位员工。但在管理的方法上我们要因人而异，面对不同的员工要有不同的管理方案，这样你的员工才会服从你。

四、自强自立

在家里的时候我们有父母的照顾、关心、呵护，生活过得无忧无虑。但是我们走进社会参加工作的时候，不管我们遇到了什么样的困难、挫折，都要靠我们自己去解决，去承担。这几个月的实践让我懂得了自强自立。凡事都要靠自己，现在就算父母不在我的身边我也能够自己独立。

在这10个月实践中，中途我也想过要放弃。工作的单调，天气的炎热，身上的痱子，都差点使我放弃。但是我还是撑了过来，我战胜了自己，我也能自强自立。

五、专业的重要性

选择学酒店行业的我，在这次实践中自然也比较关注和自己专业相关的事物。虽然我只是个服务员，但是能把我在学校学到的知识真正运用出来也使我很高兴。在学校上课的时候，不能像现在一样和人面对面交流，自己对专业的掌握大多属于理论的部分，有些理论在实际的操作当中有时根本就用不到。这使我明白把自己学到的理论知识与实际操作结合起来是一个非常重要的环节。所以我们要更好地学好我们的专业知识，为我们以后的工作打下更为坚实的基础。

六、认识来源于实践

10个月的实践让我认识到了亲身实践的必要性和重要性。实践可以让我们把在学校学到的知识运用到我们的实际操作中去，使自己学到的知识有用武之地。只学不实践，那么所学的就等于零；只实践不学，那么你将永远原地踏步止步不前。理论应与实践相结合，实践可以为我们以后的工作打基础。通过这一次的实践，我学到了一些在学校学不到的东西，因为环境不同，接触到的人与事不同，从中所学的自然也就不同。参加的实践多了你的收获也就会越多，所认识到的新事物新理念也就会越多。

总之我们要学会从实践中学习，从学习中实践，只有这样我们才能在竞争中突显自己，表现自己。

锻炼让我成长

黄立雅　高星级饭店运营与管理201306
实习单位：三亚丽丝卡尔顿酒店

每一段实习的历练都是漫长的。从开始的期期盼盼到现在的叫苦连天，我们战胜了多少个自己！

在三亚丽思卡尔顿实习的共有三十几个人，除了我和个别同学被分到餐饮部外，大多数同学都被分到客房部了。也许我是幸运的，被分到了雪茄吧，就是专门为客人提供雪茄和酒水的地方，属于一个静吧。

一开始上岗时，我还是个笨手笨脚的小丫头，完全找不到东西南北，很多东西因为是第一次接触，好奇心很强，可是一遇到不懂的东西又不愿意请教别人，为此还被主管训了一顿，说来了都有一个月了，你细数你会什么？你懂什么？你又不是天才，不用问别人你就什么都会，有什么不懂就要问别人。也许是被骂过后不服气，从那以后我一点点地学起，该怎么样去认识雪茄，了解雪茄，学习酒水知识，把握推销酒水的技巧。还好有了同事 Nita 帮我，不然我真的完成不了这么多的工作。不耻下问成了我实习期间的一个关键。人总会成长，我不想变成扶不起的阿斗，我要证明自己的实力，有想法有行动让我瞬间有了很大的提高。从新手变成老手的过程让我有些沾沾自喜，虽然这些东西跟我在学校时学习的专业完全不挂钩，但是没关系。我们总要接触许多我们从未接触过的东西。我们主管对我说：即使你是实习，也要把这看作是你人生的第一堂初体验，不管你在学校多优秀，多么令老师引以为豪，到了社会你不过只是一个小角色，你不努力，就不能站稳脚跟，得不到你想得到的，学不到你想学的。

总之，对于我来说，向着自己的目标前进，充实地过好每一天，只要无悔，便是成功。而就成才而言，则需要一个漫长积累的过程，必须要执着进取，踏实奋斗，才有望品尝成功的喜悦。我虽然只是一个实习生，但我也有我的价值，有一次有客人买雪茄，我就靠着自己所知道的知识，向客人推销，告诉客人，摸起来软硬适中的雪茄便是好雪茄，不同的雪茄有不同的口感，客人许是被我的专业知识打动了，一边夸奖我一边说他就要那根雪茄。第一次靠自己的付出得到收获是最好的证明了。

但是也遇到过让我受挫的事，在丽思卡尔顿，英语好真的很重要，因为很多管理层都是外国人，在与他们沟通的时候必须要用到英语。在学校时的我只是笔试好，口试只是中等，对于真正地与人沟通，还是有些畏畏缩缩，有一些客人的英语带有当地口音，拗口的英语让我听起来和客人沟通就更难了。

有一次我们雪茄吧迎来了一对度蜜月的外国夫妇，当时我们部门就只有这一桌客人，我的同事就让我去为客人服务。我深呼吸，尽力去和客人沟通，客人很热情地和我聊天，让我一下子忘记了自己不是什么英语高手的事实，变得自信起来。客人临走时不住地对我说谢谢，说他们认识了我，度过了一个愉快的夜晚，还给了我几百元的小费。通过这件事，我认识到每个人都需要一个证明自己的机会。

离开海口在三亚实习，对我来说也是一种锻炼，第一次自己成长，第一次自己独立，第一次自己承担，太多的第一次。有时候想家了，就一个人在床上默默哭泣，不想让家人担心，把委屈默默地咽进肚子里。这是成熟的象征。我真的长大了，知道爸爸妈妈赚钱的艰辛了。现在每当听到妈妈电话中的叮咛，还是有种大小孩的感觉，现在也许还不能为爸爸妈妈做什么，但是有一份坚持，得到成功，也许就是对父母最好的安慰了吧！

在以后的生活中，积极向上，笑对人生将是我的原则和动力。时光流逝，丰富多彩的三年中专生活即将结束，这三年是我人生中最重要的一段里程，它将永远铭记在我的脑海里。

通过中专三年生活的锤炼，我成长了，知道怎么生存了，知道自己的目标是什么了。在德智体方面，我取得了长足的进步，从一个懵懂的中专生逐步成长为品学兼优的"四有"新人。

珍惜每次机会

孙媛媛　高星级饭店运营与管理 201302
实习单位：三亚鹿回头国宾馆

转眼间，我到鹿回头国宾馆工作实习已经有 7 个月了。

刚来的前三天是培训，让我们熟悉实习酒店的情况。我明白了我们实习酒店的性质与别的酒店是不一样的，作为国宾馆，最主要的工作是接待，所以没有很多的娱乐设施。

对于酒店等服务行业来讲，服务质量无疑是企业的核心竞争力之一，是企业的生命线。高水平的服务质量不仅能够为顾客留下深刻的印象，为其再次光临打下基础，而且能够使顾客倍感尊荣，为企业树立良好的品牌和形象。酒店组织的培训和平时部门的强化练习，锻炼了我的服务意识，使我养成了面对客人露出微笑的好习惯；我学会了用标准的礼仪礼貌待客，更明白了学好外语的重要性。

我被分配到中餐厅工作，最开始是背菜单，以为熟悉了菜单便可以做好客人接待并推销菜肴了，其实不然。许多客人不仅来餐厅点菜还要点些酒水，我刚开始就是因为不熟悉酒水，差点被投诉，此后我便开始背酒水单，熟悉各种葡萄酒的瓶身和标志。如今餐厅的酒水价格我都知道，客人来看酒水，我基本可以不拿酒水单就给客人介绍酒水。

其实酒店文化是酒店经营的灵魂，酒店里无所不在的是服务文化、礼仪文化、地域文化、饮食文化、解困文化等，在饭店里所有的工作人员都是主人，所有的客人来到店内都会对餐厅和饭店人产生或多或少的依赖，除了在接受服务的过程中接收文化或知识，他们还在遇到困难时向饭店人寻求帮助。因此，我们可以说，饭店是一个到处充溢着文化和知识的场所。于是，在这里工作的人们必须更有知识、文化和涵养。客人品尝一道菜时，耳边是服务员小姐用甜美的声音介绍有关菜式的知识，包括起源、流传、特色、新意等，不仅增添了品菜的乐趣，也让客人接收到一些新的知识和信息，让他们从另一个层面上觉得不虚此行。

在饭店的任何一个角落都有彬彬有礼的服务人员，规范的操作、职业的微笑、谦恭的神态，让客人无时无刻不受着礼仪文化的熏陶。处于社会中的个人永远都在受着周边人的影响，所谓人以群分，礼仪文化不仅使饭店人素质提高，也在有益地影响着客人，提升着整个社会的素质与涵养。还有一种文化称为"解困文化"，也就是帮助客人解决难题，金钥匙文化就是其中的典型。

经过了几个月的餐饮工作，我对餐饮业的基本业务和操作有了一定的了解。礼貌是一个人综合素质的集中反映，在餐饮业更加如此，要敢于开口向人问好，在向人问好的过程中还要做到三到：口到，眼到，神到，一项都不能少。对于客人的要求，要尽全力去满足，尽管有些不是我们职责范围内的事情，也要尽力帮其转达；尽管有些不合理的要求不能办到，也要用委婉的语气拒绝，寻求其他解决方法。

除此之外，我还从工作中学会了人际交往和待人处世的技巧。我还知道，不论做什么事情，都必须有主动性和积极性，对成功要有信心，要学会和周边的人沟通思想，关心别人，支持别人。在这些实习的日子里，有喜有忧，有欢乐，也有眼泪，也许这就是实习生活的全部吧。但是，感觉自己还是有点那么格格不入。也许，是我不适应这样的环境吧。我不知道有多少人有过这种感觉。但总的来说，这次的实习生活是我人生中迈向社会的重要一步，值得回忆。即使曾经哭泣过，现在想想没有什么大不了的。

在这次的工作中我还明白了许多：在工作时上司总有责备下属之时，这都是不可避免的。在听别人的批评或是听取别人的意见时，一定要心平气和，很诚心、很有耐心地听，只有这样我们才能在过失中吸取教训，为以后的成功积累一定的经验。我还知道我要学会：从哪里跌倒就从哪里爬起来；作为服务员，要以"顾客是我们的上帝"为信念，以便更好地服务每位来消费的客人。

短短几个月的时间眨眼间就会过去，很快我的实习历程也将结束，回首竟有些留恋，经理的教诲指导，主管温和的微笑，那些和我们一起服务过的服务员，都让我牵挂难忘,因为有他们的指导,我才顺利完成了这次工作。实习为我以后步入社会奠定基础,它是我从学校向社会跨越的一个平台,经历此次实习,我学会了细心认真地去生活和学习,学会了如何待人接物。今后我将珍惜每一次机会,勇敢地挑战自我,完善自我,让自己成熟起来。

总机的苦与累

徐　冰　高星级饭店运营与管理 201305
实习单位：三亚丽丝卡尔顿酒店

7月25日，我开始在三亚丽丝卡尔顿酒店实习。

作为一个酒店的总机接线员，我要接听和转接酒店所有的内外线电话。酒店接听电话有其统一固定的标准，内外线是不同的。刚到工作岗位的我，要快速熟悉从未接触的工作设备（话务台功能），分辨内外线并准确清晰的报出 Greeting，再迅速反应，应答转接，要完成这一系列工作并不是一件容易的事。记得刚到这里的第一天，主管给了我一张密密麻麻的、中英文对照的 Greeting 和酒店电话表，说你背吧，之后要抽查，中英文都要记住。当时我就傻掉了。总机是酒店的第一窗口，虽然我们不面客，但客人预订了解酒店信息的第一途径都是通过电话，所以我们的服务往往决定了客人对酒店的第一印象。每天准确快速地转接电话是我们的第一任务，分机号码记熟是一项最基础的工作了。我们需要留心酒店时刻更新的信息，及时地发布给本部门员工和相关部门，确保工作高效率地进行。我们需要注意沟通技巧，对内我们要保持和酒店各个部门间的联系和友好关系，在酒店内部起到上传下达的作用，对外我们要维护酒店的良好形象，尽量满足客人的要求，安抚客人。所以我们要时刻彬彬有礼，时刻注意自己的言语，时刻控制自己的情绪。从事服务性行业，众所周知，个人情绪必然影响服务质量，我们要时刻调整好自己的心态。酒店外籍客人较多，和外籍客人沟通要求我们有较好的外语基础，这为我的英语学习提供了一个良好的语言环境。

我们的工作主要有：为客人提供各种酒店内部信息，如怎样到达我们酒店，走哪条路，坐几路公交最近；处理客人的简单投诉，尽量满足客人的各种要求；协助客人提供叫车服务，提供国家代码、邮编、本地电话、列车车次、各地话资等查询服务;为客人介绍酒店附近的公用设施,例如离酒店最近的银行,最近的美容院,最近的超市,最近的医院,各种特色饭馆,娱乐场所,旅游观光场所;当客人在酒店遇到麻烦或不满时,我们第一时间听客人倾诉,安抚客人,提供可选解决措施,使客人投诉降到最低,把矛盾转给大堂经理为客人解决,及时给客人回复,避免客人反复陈述,以免激怒客人,尽最大努力为客人提供一站式服务;负责前台与客房的沟通,客人在房间内拨打总机叫服务,我们要通知楼层服务员进行客房用品派送,随后跟进;我们还要向住店客人介绍酒店客房的各种设施设备,为他们讲解使用方法,向客人提供借物、洗衣、遗留查询、留言、叫醒等服务;在突发状况发生时,我们要及时传达信息,组织逃生,控制酒店局面;传达监控中心报上来的各种紧急情况,如发预警,报火警等,为此我们还进行了消防演习;我们还要加强防护意识,留心特别的电话,如遇特殊情况,及时向高层反映,传达酒店各种重要信息。

  踏出学校,我才发现,校园生活是很单纯的。现在的社会确实是该让我们年轻人经历一下,才懂得辛苦,爸妈的辛苦,社会确实不是我们这些年轻人想象的那么简单。是要让我们年轻人,自己去闯,自己去体会社会的大,这个大包含了很多,包含了社会带给我们的快乐与不快乐。我们已经走出了学校,以后靠的是我们自己,而不是爸妈。实习的这几个月里,我们流下了辛酸的泪水和汗水。

  真的,那么长时间,感受颇多。我明白了社会不是我想象中的那么简单,有很多的事情你是没有办法改变的,你要做的就是调整好自己的心态,明确好自己的方向,不管前面的路有多么的困难,都要咬紧牙关,挺过去,因为过了之后,你就会发现其实那没有什么的。生活就是这样,我们应该学着勇敢地微笑着面对。实习其实就是要我们将在学校学习的知识融入社会实践中,真正学为所用。我们不能只做学校里的书呆子,我们更要成为社会的有用之才。很多人说现在好多大学生都找不到工作,就业形势相当严峻。我不否认,就业压力确实很大,但是我们也需要明白,面对这种情况,如果你使自己足够优秀,态度足够诚恳,怎么会找不到工作?

  生活没有那么容易,同样,干什么事情都是一样。但是我们必须要让自己相信,只要我们努力去做,什么都有可能实现。

时间到了，我该飞翔了

陈　婷　高星级饭店运营与管理201307
实习单位：三亚丽丝卡尔顿酒店

　　三亚，海南最美的城市，这里是众人眼中的度假天堂。选择在三亚实习是我踏向人生的第一步，也是一个锻炼的开始。我记得来到三亚的第一天，我异常开心，我终于可以脱离父母的掌心自己飞翔了，终于可以不再伸手向他们拿钱了，我也可以像他们一样，靠自己的双手去挣钱。

　　到酒店后，经过半个月的培训，我被分配到了西餐厅。8月6日，是我在西餐厅工作的第一天，那一天的早餐用餐人数是800人，这个数字让我记忆犹新，因为从开始工作到早餐结束，我一直在忙碌的状态中，将餐厅走了几十遍，到早餐结束我和另外三个同学都是头晕、想吐。当时，我就在想，如果每天都这么忙，我要怎样坚持下去呢？十个月，对于当时的我来说是多么的漫长，为了让自己觉得十个月并不漫长，我给自己做了一个实习倒计时的表格，每天下班回来就打开柜子将今天给划掉。每天写一篇工作日志。

　　在工作中，我显得很笨拙，学习能力差一些。所以经常会被领班主管批评。我和另一个同学是餐厅的领位，每天要将酒店的VIP客人告知餐厅经理，客人坐哪个位置，姓什么，是哪个会员级别。每天到前台领客房报表。将每天的报纸进行更换，将领位台推出餐厅门口，引领客人用餐，熟知餐厅今天的预订情况。当然，经常因为带客的速度慢被上级骂，所以我努力让自己的走路速度快起来，有很多时候甚至都是用跑的。当了六个月的领位，我学会了如何让客人排好队等位置，慢慢地也学会不用看报表就知道客人是重要人物。

　　每天的工作任务有很多，从上班忙到下班是很正常的事情。但是，我告诉自己，我能坚持，我行！这些都不算什么！旅游职业学校的几年都熬过了，我还

时间到了，我该飞翔了

有什么理由可以不坚持的呢？因为我们是实习生，所以有很多东西都需要我们去学，学不好是不能出来面客的。熟悉菜单、服务流程、酒店的标准、餐具、物品摆放、酒店高层人员、每天的工作要旨，这些是必须要做的。

第一次服务客人的时候，我不知道应该从哪里下手，是要先倒水呢还是先打开餐布。我不知所措，幸亏当时有老员工帮助，才让我顺利地服务完一桌客人。餐厅里经常会有外国人来用餐，俄罗斯客人占大多数。外国客人很热情，见到你都会主动地跟你打招呼，经常也会遇到一些会讲中文的外国客人，跟他们聊天很开心。他们也会教我说几句英文或是俄语。经理跟我说过，多跟外国客人聊天，这样会增强你的英语口语表达能力，他们就相当于是你的老师，让你听说很多，也知道他们国家的一些习俗。我相信了，我也照着去做了。跟客人多交流不仅可以记住客人的喜好，也方便了自己的工作。

有一次开会的时候，我没有克制好自己的小宇宙，当着所有员工的面没有给经理台阶下，当时经理很生气，私底下他送给了我一句话："记住，这里不是学校，没有人会像哄小孩一样去哄你开心。走上社会要学会克制自己的脾气，学会用微笑去面对他人。"我听了后，才发现自己原来这么不成熟。在那之后，我渐渐学会了如何克制自己的情绪，那就是别人骂你，说你，就当作是别人在跟我讲述我的缺点，而我，负责去听，然后去改。老师也常常说过，别人说你、骂你是为你好。当别人不说你了，不骂你了，那就是放弃你了。

7个月过去了，我不再是什么都不懂的菜鸟，不再是天真的小鸟，也不再是遇到挫折就缩头的乌龟。还有3个月，我的实习将结束。这是一个蜕变的过程，从学生到职业人，从不稳重到成熟，从父母手中呵护的花朵，到学会独立的我。是啊，飞翔的时间到了，离开那双温暖的大手的时间到了，我该展翅飞翔了。该往梦想所在的地方，大胆地向前冲了。